ひろばブックス

0歳からの かがく遊び

小谷卓也 (大阪大谷大学)

学校法人　山添学園　幼保連携型認定こども園
御幸幼稚園・さくらんぼ保育園　著

はじめに

　2006（平成18）年に公布・施行された教育基本法において「幼児期の教育は、生涯にわたる人格形成の基礎を培う重要なもの」とされ、幼児教育はその後に続く学校教育の基礎であることが明言されました。この意味において幼児教育は、今後さらに重要視されていくべきですが、我が国では「学び」といえば小学1年生以降の「学び」を指すという考え方が根強く残っています。この背景には、ひらがななどの「文字」や1、2、3といった「数」など習得した内容が大人から見て明確なものを「学び」とするという考え方があったためです。しかし、2018（平成30）年に施行された幼稚園教育要領、保育所保育指針、幼保連携型認定こども園教育・保育要領には、「幼児期の終わりまでに育ってほしい姿」が明記されました。このことにより小・中・高等学校の先生方は、5歳児の終わりまでに子どもたちがどのように育っているのかを10個のカテゴリー別に具体的に知ることができるようになりました。つまり、「学び」は小学1年生以降にはじまるのではなく、0歳からはじまり途切れることなく続いていくことが示されたのです。

　こうなりますと次に議論していかなければならないことは、「遊び」を通した総合的な「学び」である「幼児教育」と、「教科」を通した科別の「学び」である「教科教育」とをスムーズに接続するということです。これについては、例えば2010（平成22）年の幼児期の教育と小学校教育の円滑な接続の在り方に関する調査研究協力者会議、2021（令和3）年の幼児教育と小学校教育の架け橋特別委員会で国としての議論がおこなわれています。

　筆者は、このような昨今の幼児教育の流れを踏まえ、大阪府守口市にある幼保連携型認定こども園御幸幼稚園・さくらんぼ保育園の山田千枝子園長先生、小井手瑞代副園長先生をはじめとする先生方とともに「かがく遊び」の研究・開発・実践を10年以上おこなってきました。我々の提案する「かがく遊び」とは、「幼児期の終わりまでに育ってほしい姿」の1つである「思考力（の芽生え）」に着目し、0歳から8歳（小学2年）までの子どもを対象とした「もの」や「現象」と関わる「遊び」を通した思考力を育成する「遊び」のことです。換言すれば、0〜8歳までに「もの」や「現象」の遊び（＝「かがく遊び」）を通して「思考力」の土台を形成し、それを「理科」「生活科」をはじめとしたほか

の教科の中で生かしていくという形で幼小の「学び」をつなげるという「遊び」ともいえます。「思考力」に着目した理由は、子どもが「自立」していくためには、自分で「思考」し、判断して行動できることが大切だと思ったからです。

　本書の目的は、我が国の保育者養成校では取り扱われていない「かがく遊び」について、我々が約10年にわたって実践研究をおこなってきた成果の一部を「理論」と「実践」の両面から解説することです。この本を手にとっていただいた方に私と共同研究者である御幸幼稚園・さくらんぼ保育園の先生方とでつくりあげてきた「かがく遊び」について知っていただき、学生さん同士、職場の同僚同士でいろいろと議論していただければ幸いです。

　次に本書の読者としては、乳幼児の「かがく遊び」というタイトル上、幼稚園・保育所・こども園の子どもたちを主な対象としていますが、先ほど述べた「保幼小接続」の観点から、是非、小学校の先生方にもご覧いただきたいと思っています。また、家庭でご自身のお子さまを教育されている保護者の方にも是非ご一読いただき、学校園での「かがく遊び」を通した学びを「家庭」でもご実践いただきたいと思っております。

　最後に本書の構成ですが、第1章では「かがく遊び」の理論面について、「かがく遊び」実践研究の背景を踏まえて述べています。第2章ではこれまで園で実践してきた「かがく遊び」の中から12種類の「遊び」について、「物的環境構成の方法」「子どもたちの探索の様子と特徴」「保育者の関わりのポイント」という3視点で説明しています。さらに第3章では、0歳から5歳までを通して同じ4種類の土を使った6年一貫型の「土遊び」プログラムを提案しました。最後に第4章では、「かがく遊び」を実際につくるための方法について「形遊び」を事例として説明し、最後に「形遊び」の保育案を載せました。このような構成からもおわかりいただけると思いますが、とにかく実践をしてみたいという方は、第2・4章から読みはじめられてもいいですし、まずはその背景理論（考え方）や6年一貫型の「かがく遊び」について知りたいという方は、第1・3章をお読みください。

　我々の提案する「かがく遊び」について、本書をお読みいただいたみなさまが、実際に「かがく遊び」を実践していただくことを願ってやみません。

2023年4月20日　大阪にて　小谷卓也

CONTENTS

第1章 乳幼児の思考力を育む「かがく遊び」の理論

第2章 様々な「もの」や「現象」で楽しむ「かがく遊び」の実際

第3章　0歳児から5歳児までを一貫した「土遊び」プログラム

第4章　園の子どもに適した「かがく遊び」づくり

今、なぜ「かがく遊び」なのか！

　かつては小学1・2年生にも「理科」がありました。しかし、1989年の学習指導要領改訂により「生活科」が新設されたのと同時に「低学年理科」は廃止になりました。この結果我が国では、現在までのおよそ30年間、0〜8歳を対象とした正式な科学教育カリキュラムが存在しない状態が続いています。このような現状を改善する一つの方法として考えたのが、0〜8歳に特化した科学教育としての「遊び」である「かがく遊び」です。ここでは、「かがく遊び」の社会的な意義について述べたいと思います。

1　我が国の教育施策としての乳幼児の思考力育成の必要性

　2018年の幼稚園教育要領に記載された「幼児期の終わりまでに育ってほしい姿」の1つとして「思考力の芽生え」が明記されたことにより、0〜5歳の6年間で乳幼児の思考力を育成させることが国の施策として打ち出されました。「思考力の芽生え」とは、ものの性質・しくみを「感じとる」「気づく」「思考する」「予測する」「工夫する」といった「もの」や「現象」との多様な関わりをしたり、自他の考えを比較したり、新しい考えを生み出したりしながら子ども自身が思考することができる状態を示しています[1]。そこで、これからの幼児教育では、乳幼児の発達段階に適した思考力を育成するための「遊び」を保育者が意図的に設定することが必要とされるのです。

2　認知発達研究の成果に基づいて乳幼児に対する見方を変更する必要性

　17〜18世紀のイギリスの経験主義哲学者J.ロックは、「人は生まれたときは何も書いていない板のように何も知らず、生まれたあとの環境の中で経験を重ねることによって『知識』を重ねていく」としました。乳幼児は、大人と比べ経験が少ないことから、「無能」または「無力」と考えられていたのです。このような乳幼児に対する見方を「無能で無力な乳幼児観」といいます。
　しかし、1920年代スイスの心理学者であるピアジェは、乳幼児は、豊富な知識をもっていないという意味では無能であるが、「自ら世界に働きかける活動的な存在」であり、「積極的に知識を構成する存在」であると考えました。このような乳幼児に対する見方を「能動的で活動的な乳幼児観」といいます。さらに、1950〜60年代になると、乳幼児の知覚能力や認知能力が次々に明らかとなり、乳幼児は

これまで考えられていたよりもずっと有能であるという「有能な乳幼児観」が出現しました。このような一連の認知発達の研究の成果により、乳幼児は大人とは思考の仕方が異なりますが、すでに「思考する有能な存在」であることがわかったのです。この意味において、乳幼児期の発達段階に考慮しながら「思考」を促すための「遊び」が必要とされるのです[2]。

3　動物の飼育や植物の栽培に偏重した自然と関わる「遊び」を改善する必要性

　幼児教育の領域「環境」と関連の深い自然と関わる遊びの多くは、植物の花・枝・葉や土・石を関わりの対象としています。これに対し、磁石や空気などの「もの」やものの浮き沈み・ものの落下といった「現象」と関わる遊びの割合が極端に少ないのが現状です[3]。
　この事実に加え、特に動植物と関わる遊びでは、これらの関わりを通して自ら探索したり、思考したりしながら自分なりの考えを構築させることよりも、動植物の世話を通して生き物を愛する心情を育てたり、餌やりや掃除、毎日の水やりといった活動を通して規範的な意識を育てることに重点を置いています。
　教育・保育学者の坂元彦太郎は、保育において「自然に親しむ・愛する・美しさに感動する等の『情感的な態度』と、事実を認識する・法則を把握する等の『自然科学的な態度』との2つの態度の異質性を認識するべきである」と指摘しています。現在の保育現場でおこなわれている動植物と関わる「遊び」は、「情感的な態度」育成の観点からいえば意義がありますが、「思考力の芽生え」を培うといった「自然科学的な態度」育成の観点からは、不十分です。よって、「もの」や「現象」と関わりながら思考する「遊び」をもっと増やしていく必要があると考えます[4]。

第**1**章

乳幼児の思考力を育む
「かがく遊び」の理論

「かがく遊び」は、子どもたちが「考えること」を

楽しむ遊びです。そのために必要なのが、

物的環境構成と保育の組み立てです。ここでは、

「かがく遊び」の基本的な考え方について述べます。

乳幼児の考える力を培う「かがく遊び」の基本的な考え方

本書の「かがく遊び」の基本的な考え方を紹介します。保育者が正しい「科学の方法」や「科学的な知識」を教示する必要はなく、子どもの考える力を培うことが重要です。

「かがく遊び」の定義

発達段階に適した子どもの「考える力」の育成を目的とした遊び	「もの」や「現象」と関わることを主体とした遊び

幼児教育と教科教育
（生活科［自然領域］＋
理科）をつなぐ遊び

「かがく遊び」とサイエンスショーとの違い

「かがく遊び」とは、「もの」や「現象」と関わる遊びのことです。「科学遊び」というと、大がかりな実験装置から煙を出したり、不思議な液体を混ぜて光らせたりして、子どもを驚かせるような実験をする遊びというイメージをもつ人も多いと思います。この種の「科学遊び」は、「サイエンスショー」と呼ばれている単発のイベントです[5]。一方、「かがく遊び」は、子ども自身が探索をおこない、教えられるのではなく自ら思考していく乳幼児期に特化した「科学教育」であり、「サイエンスショー」とは大きく異なります。そして、「サイエンスショー」と区別するために、「科学」をひらがなにして「かがく遊び」と記載しています。

教科「理科」とは異なる、乳幼児に特化した科学教育としての「かがく遊び」

「かがく遊び」の定義は、右上で示した３つです。この定義を示した際に、「かがく遊び＝理科」なのかとよく聞かれます。小学３年生からはじまる「理科」は、「もの」や「現象」を学習の対象とし、それらの関わりを通して生じる「なぜ（疑問）」に対して「仮説（予想）」を立て、それを実験（観察）で確かめ、さらに得られた結果に基づいて自分なりの考えを示す（考察する）という一連の「科学の作法」にのっとった「探究」活動です。しかし、０歳児から「科学の作法」に基づいて探究・探索させることは、発達段階を考えると好ましいことではあり

ません。「かがく遊び」をしている子どもを観察していればわかりますが、探索の仕方は必ずしも「科学的な作法」にのっとっていません。つまり「我流」です。絵を描くときも工作しているときも、子どもは、自分の思った通りの方法でやることを好みますが、「かがく遊び」の探索の仕方でも同じことがいえます。よって、保育者が正しい「科学の作法」を教える必要はないのです。

考えることを楽しむ「かがく遊び」は、ほかの遊びや教科教育にもつながる

「かがく遊び」をおこなうねらいは、大きく２つあります（右頁参照）。このねらいによって培われる「自分なりの理屈」を構築する力と「思考のスキル」は、「かがく遊び」以外の遊びや小学校以降の教科教育にも活用できるため、保・幼・小を接続する学びの土台となるものです。「思考のスキル」や「自分なりの理屈」は、子どもが「かがく遊び」体験を通じて自力で獲得したり構築したりするものであって、保育者が「教示」するものではありません。保育者の意図を込めて物的環境や人的環境を構成することで、しぜんに身についてくるものです[6][7]。そこで将来的には「かがく遊び」は、乳幼児に特化した「科学教育」として、すでに保育現場でおこなわれている「表現遊び」や「ごっこ遊び」と同列の保育の一つと位置づけられていくでしょう。

「かがく遊び」の2つのねらい

 \ねらい/ **① 「もの」や「現象」の性質やしくみを感じとり、最終的には「自分なりの理屈」を構築できるようにする**

　乳幼児に対して、いきなり「思考」や「理解」を求めることは発達段階上、相応しくありません。まずは、「かがく遊び」の探索過程において、手足や口を使って、「もの」や「現象」に関わることで、「こんな重さなんだ」「こんなに速く転がるんだ」「こっちが沈んで、こっちが浮くんだ」といった感覚を獲得させます。そうしたことをくり返すことで、「もの」や「現象」の「性質」や「しくみ」を感じとることを目指します。そして0〜5歳の6年間、子どもによっては小学校低学年までの間に、乳幼児自身が感じとったことを基に「自分なりの理屈」を構築できるようにします。

\ねらい/ **② 自力で「思考のスキル」を獲得させる**

　「思考のスキル」とは、思考する際に有益となる「汎用的なスキル」のことです。乳幼児期および低学年児童期で主に身につけたい基本的な「思考のスキル」と、小・中・高等学校で主に身につけたい発展的な「思考のスキル」がありますが、ここでは基本的なものについて紹介します。
　7つの「思考のスキル」中で、もっとも基本的なものは、「観察」と「コミュニケーション」です。それ以外にも「分類」「系列化」「測定」「予測」「推論」といったものがあります（下表参照）。こうした「思考のスキル」を身につけることにより、より深く思考することができるようになります。

自分なりの理屈とは？

　「自分なりの理屈」とは、「もの」や「現象」の性質やしくみの関係性から、「子どもが大人の力を借りず、自分なりに納得する考え方をつくり出したもの」と定義しています。大事なのは、「大人の力を借りず」という部分です。そして「自分なりの理屈」は、必ずしも「科学的に正しい理屈」とはならない場合もありますが、科学的な「正誤」よりも、大人に頼らず「自分一人で考えた」ことを重要視しています。乳幼児が「もの」や「現象」に関わり、一人で考えながら「自分なりの理屈」を構築したという事実が、「かがく遊び」に限らず、ほかの「遊び」と向き合う際においても「自信」になります。

●乳幼児期および低学年児童期に身につけたい「思考のスキル」

思考のスキルの種類	思考のスキルの定義
観察	「もの」や「現象」を1つ（または複数）の視点に基づいてじっくりと見る技能のこと
コミュニケーション	自ら気づいたこと、考えたことを他者に伝える技能のこと。「話し言葉」だけでなく、「書き言葉」「絵」「体」による表現方法も含む
分類	「もの」や「現象」を1つ（または複数）の視点に基づいてグループ（仲間）分けする技能のこと
系列化	「もの」や「現象」を「大小」「多少」「長短」「軽重」「新旧」「寒暖」などの視点に従って並べられる技能のこと
測定	数・時間・長さ・重さ・広さ・体積・温度といった（物理）量を、自分の体（例：指や腕の長さ）や五感（例：量感・音感・触感）で感じとれる技能のこと
予測	すでに知っている知識や過去の経験をもとに、まだ起こっていないことについて考えることができる技能のこと
推論	すでに知っている知識や過去の経験に基づいて、「もの」や「現象」の性質・しくみが生じる「理由」について説明する技能のこと

物的環境の構成と遊びの流れの基本

子どもが独立で自分なりの理屈をつくったり、思考のスキルを獲得したりするための適切な環境づくりのポイントを紹介します。

「導かれた遊び」とは

自由遊び (Free play)	直接教示 (Direct instruction)
子どもが自ら選択した対象との関わりで展開される遊びのこと。	保育者が設定したねらいに基づいて展開される遊びのこと。

導かれた遊び (Guided play)

保育者が設定したねらいに従って、物的・人的環境を構成して遊びの入口まで導いたあと、子どもが探索活動を展開する遊びのこと。

園での保育活動における「かがく遊び」の位置づけ

園の遊びは、子どもたちが自ら考え展開する「自由遊び」が中心です。この「自由遊び」は、子どもが見えている世界（環境・生活）により生まれる遊びといえるでしょう。一方で、保育者や教師から直接教えられ展開する遊びは「直接教示」といわれ、小学校の生活科の授業や園なら設定保育などの場面でよく見られます。そして、「かがく遊び」は「自由遊び」と「直接教示」とのちょうど真ん中に位置する「導かれた遊び（Guided play）」であると考えています。

この「導かれた遊び」は、「自由遊びのように子どもの好奇心や探究心を重視し、子どもが主体となる遊びを尊重する一方で、『直接教示』のように保育者が遊具の選定や提供といった遊びの環境をしっかりと計画的に立てて子どもと関わる遊びである」と定義されています[8)9)10)11)12)13)14)]。換言すれば保育者が遊びの入り口まで導く、つまり遊びのおもしろさを子どもに示し、興味を高めたあとは、子どもが自ら展開していく遊びです。「かがく遊び」は、保育者が設定した「物的環境」に乳幼児を導き、乳幼児が、これまで自分では気づかなかった「もの」や「現象」に働きかけることで、その「性質」や「しくみ」についての感覚を得ることをねらった「導かれた遊び」の1つです。

子どもが興味をもてる「物的環境」を整えることが大切

「かがく遊び」において、子どもの探索を深いものにするための「物的環境」の構成において大切なのが、「『かがく遊び』の物的環境を構成するための

4つのポイント」です（右頁参照）。「物的環境」を構成する前に、乳幼児が「もの」や「現象」と関わる遊びを通して、独力で気づけるような極めて基本的かつ初等的な科学知識を「知的な気づき」として設定します。なお、「かがく遊び」では、理科と異なり「科学知識を正しく理解させる」というねらいを設けていません。そして保育者が、この「知的な気づき」を教示することなく、乳幼児が自力で気づけるようにするための物的環境として、②③④が重要となってきます（具体的には、P.86以降を参照）。

「かがく遊び」の基本的な流れ

「かがく遊び」の基本的な流れは、4つのパートで構成されています。「投げかけの時間」は小学校の授業でいえば導入にあたるものです。「投げかけ」をおこなうことで、子どもたちは、保育者が着目してほしい「もの」や「現象」と関わりながら探索を開始することができるのです。そして、子どもが自由に探索しながら思考できる「探索の時間」を十分にとり、子どもがいろいろなことに気づいたり、思考する時間を確保します。さらに、「振り返りの時間」では、気づいたことを友達同士で共有します。友達の前での発表や共有がむずかしい0～3歳児は、「投げかけの時間」と「探索の時間」だけで「かがく遊び」を構成するなど、子どもたちの発達段階に適した保育展開を考えてみてください。

このような流れにより、「もの」や「現象」と関わりながら、自他の考えを比較したり、新しい考えを生み出したりすることで、「自分なりの理屈」を構築できるようになるのです。

「かがく遊び」の「物的環境」を構成するための4つのポイント

① 知的な気づき

「乳幼児が『かがく遊び』体験を通して独力で気づけるような、極めて基本的かつ初等的な科学知識のこと」と定義しています。

〈「知的な気づき」の例〉

色水遊び 異なる2種の色水を混色すると、元の色水とは異なる色水ができ、その組み合わせには規則性がある

ものの溶け方(溶解)遊び ものには、水に溶けるものと溶けないものがある

② 互いに性質の異なる教材配置

互いに性質の異なる「もの」や「現象」を意図的に用意することで、探索結果の違いを比較・分類することを通して思考させます。

〈「互いに性質の異なる教材」の例〉

磁石遊び 磁石につくもの(鉄製のスプーン・クリップ)⟷ 磁石につかないもの(プラスチック製のスプーン・積み木)

ものの浮き沈み遊び 水に浮くもの(かぼちゃ・ピーマン) ⟷ 水に沈むもの(さつまいも・低反発ボール)

③ 教材の難度や数量の傾斜的配置

教材は一度に渡すのではなく、「難度」なら「易→難」へ、「数量」なら「少→多」と段階的に配布します。最初は、より単純かつ少ない教材を使って探索することにより、「もの」や「現象」の「性質」や「しくみ」「規則性」に気づきやすくなります。

④ 1人1セットの教材配置

乳幼児1人につき1セットの教材を準備します。1人で満足いくまで探索をおこなうことにより、「もの」や「現象」の「性質」や「しくみ」を感じとり、「自分なりの理屈」を構築しやすくなります。

「かがく遊び」の基本的な流れ

投げかけの時間

「もの」や「現象」との出会いから、思考へと導く

いきなり探索に入るのではなく、子どもたちに「①遊びで使う教材を見せる(=「もの」や「現象」との出会い)」「②探索活動に導くための問いをおこなう(=考えさせるための問い)」という順番で子どもを「かがく遊び」に導きます。

探索の時間

自分のペースで探索しながら、自分の考えを生み出す

1人1セットの教材配置により、自分だけの教材でじっくりと探索させながら、最終的に「自分なりの理屈」を構築させます。

振り返りの時間

気づいたことをみんなと共有する

十分に探索し終えたタイミングで子どもたちを集め、「気づいたこと」「考えたこと」について発表し合います。この共有により、1人では気づかなかった友達の「気づき」を知ることができ、新たな探索目標をもつなど、さらなる探索のきっかけとなります。

振り返りを踏まえた探索の時間

さらに探索を続けさせることで思考を深める

みんなと「気づき」を共有したことで、子どもたちの中に「自分が気づいたことをもう一度確かめたい」「友達の気づいたことを確かめたい」「自分が気づいたことと友達が気づいたことを踏まえて、新たな探索をしたい」といった気持ちが芽生えます。そのような気持ちを実現させるため、再び探索する時間を設けます。

新人保育者が実践して気づいたこと

さくらんぼ保育園・酒本芽生（2年目）

「互いに性質の異なる教材」を準備することのむずかしさ

保育者として1年目で2歳児を担当し、「空気」をテーマに「かがく遊び」に取り組みました。はじめに悩んだのは、用意する教材です。「かがく遊び」では「互いに性質の異なる教材配置」が必須です（P.11参照）。「空気遊び」で比べる要素として、「空気の力で浮く・浮かない」や「空気の力が強い・弱い」など思いついたものの、どんな素材を組み合わせれば、子どもたちが遊ぶのかわかりませんでした。

さらに、実際に「かがく遊び」をおこなったときも、うまくいかない点が出てきました。それは、クラスの子どもたちが一斉に探索したため、一人ひとりの遊びの様子を十分に読みとることができなかった点です。そこで先輩に相談したところ、「1人1セットの教材配置」という「かがく遊び」のポイントを教えていただきました。1人に対してサーキュレーターと教材を1つずつ用意すると、以前よりも子どもたちが空気遊びにじっくり取り組む姿が見られるようになりました。保育者も子ども一人ひとりの言葉を聞きとれるようになり、子どもたちが確かめたり、試したりしている姿をじっくり観察し、関わることができました。

0歳児でも、色を楽しんでいると感じられる場面がたくさんあった

2年目で0歳児担当になり、カラーセロファンを使った「かがく遊び」をすることにしました。0歳児にカラーセロファンで作った色眼鏡を渡すと、最初は「振る」「くわえる」「折り曲げる」など、教材にふれることからはじまります。継続するうちに「色眼鏡で保育者を見たあとに、色眼鏡をはずして見て笑う」「色眼鏡をのぞいて周囲を見渡す」など、遊び方が変化するようになりました。0歳児は、視線や表情、しぐさで感じたことを伝えてくれます。色眼鏡を使うと色の見え方が変わることを楽しんでいることが伝わってきました。

「かがく遊び」での子どもを見る視点が、ふだんの保育に生かされるように

「かがく遊び」に取り組んでよかったのは、ふだんの子どもの興味につながったことです。色を指さしたり、色に向かってずりばいする様子が見られるようになりました。乳児は言葉も少なく、おもしろい、不思議と感じたことの読みとりや共感のむずかしさを感じる日々ですが、「かがく遊び」をしたことで、子どもたちが色に興味をもったことがわかります。絵本のバスを指す子に対して、「黄色のバスだね」など、私自身が意識して言葉かけができるようになりました。まだまだ物的環境の構成や教材を考えるのはむずかしく、悩むこともあります。しかし、かがく遊びを通して子どもの考える様子を見ることができ、「次はどんな発見を、子どもたちはするのだろう？」と、ワクワクすることがたくさんあります。今後も、「かがく遊び」を続けていこうと考えています。

色眼鏡をのぞき込み、まわりを観察している0歳児。

カラーセロファンを使ったかがく遊びを楽しんだあと、様々な色のバスが載った絵本を読み、黄色のバスをさわる0歳児。

第2章
様々な「もの」や「現象」で楽しむ
「かがく遊び」の実際

水・風・光・斜面など、身近な「もの」や「現象」を使った

「かがく遊び」の具体例を、子どもたちの実践の様子とともに

紹介します。「物的環境」構成だけでなく、

「かがく遊び」における子どもたちの関わり方、言葉かけの

コツなどについても述べます。

0歳児から自ら知識を構成し、環境に適応する力がある

「かがく遊び」は、4・5歳児ごろからおこなうのが適切と考えている人も多いでしょう。しかし発達心理学の研究によれば、0歳児であっても発達段階に応じた思考をおこなうことにより、知識を生み出し、環境に適応する力があることがわかっています。

「かがく遊び」は何歳からはじめるのが適切なのでしょうか。この本では、0歳児の保育から導入することを提案しています。

スイスの発達心理学者・ピアジェは、「たしかに乳幼児は豊富な知識をもっているわけではないが、自ら周囲の環境に働きかけ、自分で知識を構成する存在である」という「構成論」を主張しました。この「構成論」における重要な考え方は、認知発達のどの段階（年齢）においても変わらないもの（＝機能的不変項）があるということです。ピアジェはそ

ピアジェの提唱する「適応」

ある子どもが、犬や昆虫など「動くもの」を「動物」と知ると、「動くもの」という要件をもった「動物」という「シェマ」を獲得します。あるとき、この子どもが動物園ではじめて「ナマケモノ」を見たとします。子どもは「動くもの」という要件をもった「動物」の「シェマ」を「ナマケモノ」に適用することによって、それを動物と認識します（＝同化）。次に、子どもが動いているロボットのおもちゃに出会った際、ロボットは動くが食物をとったり、常に動い

ている訳ではないことを知ったとします。するとこの子どもは、自分がすでにもっている「動物」の「シェマ」の要件を「動く生き物」というように変更します（＝調節）。このように、同化と調節をくり返す中で子どもは新しい「シェマ」を獲得していきます。この同化と調節による環境との相互作用の過程を「適応」と呼びます。また、子どもがもつそれぞれ独立した「シェマ」がお互いに結びつき、機能的に一つのまとまりをつくることを「体制化」と呼びます。

れを、「適応」と「体制化」としました。子どもは、これまでの経験から対象を認識し、理解するための「認知的枠組み」である「シェマ」をもっています。「シェマ」とは、「認識」「概念（考え方）」のことです。ピアジェは、子どもが遊び体験を通して、新しいことを知ると、既存の「シェマ」に対して「同化」と「調節」をおこなうことにより、周囲の環境に「適応」していくと主張しました（下記左参照）。

さらに子どもは、例えば、ものの浮き沈み遊びで獲得した「シェマ」だけでなく、磁石遊びで獲得し

た「シェマ」、斜面転がし遊びで獲得した「シェマ」というように、いろいろな「かがく遊び」を体験する過程において様々な「シェマ」を獲得しています。そして0歳であっても、「シェマ」を使いながら周囲の「もの」や「現象」と関わり、思考しているのです。

また「かがく遊び」だけでなく、ごっこ遊びや表現遊び、生活発表会のような行事において、獲得した「シェマ」を組み合わせて使う「体制化」をおこなうことで、より複雑な活動ができると考えています[15][16][17]。

「かがく遊び」（例：ものの浮き沈み遊び）における「適応」

※「ものの浮き沈み遊び」の実践は、P.20 で紹介しています。

例えば、ある乳児が最初にじゃがいもを水槽の水の中に入れたとき、それが沈んだとします。このときこの乳児は、「ものは水の中で沈む」という「シェマ」を獲得します。次にこの乳児が、ニンジンを水槽の水に入れるとそれも沈んだとします。このとき、「ニンジン」も先ほどの「ものは水の中で沈む」というシェマの要件に合っていることを確認します（＝同化）。しかし乳児が、ピーマンを水に入れると、浮いてしまいます。このとき、「ものは水の中で沈む」という「シェマ」では、ピーマンが浮くことを理解できないため、何度もピーマンを水の中に入れてみたり、手で上から押したりします。それでも沈まないため、この「シェマ」を変更せざるを得なくなります。「ものは水の中で沈む」というシェマを、「ものには、水の中に入れると浮くものと沈むものがある」と変更することで、ピーマンが水に浮いたという事実を理解するのです。

〈シェマ〉 水の中にものを入れたら沈むんだな

〈同化〉 あ！これも沈んだ！「やっぱり、水の中にものを入れたら沈むんだ」

〈調節〉 あれ？なんで沈まないの？ もしかしたら、ものには沈むものと浮くものがあるのかなぁ？

ひもの 伸び縮み遊び

ひもが伸びたり縮んだり することの不思議

ひもが伸び縮みする性質を、「弾性」といいます。この内容をはじめて習うのは小学3年生ですが、弾性は生活になじみ深い性質の一つです。輪ゴムでものを束ねるときや、パンツをはくときもこの性質が生かされています。

今回紹介する遊びは、この「弾性」と出会う機会を子どもに提供するものです。このかがく遊びにより、0歳児は「弾性」という現象に感覚的・直感的に気づけるようになります。それにより遊びが広がったり、日常の中での気づきが増えていくはずです。

そして、乳児期に感覚的・直感的に「弾性」を感じとる機会をもつことで、小学3年理科の「ゴムの力」、中学1年理科の「力」の学習においてその理論を学ぶ際、実感を伴った理解が可能となっていきます。

互いに性質の異なる 教材配置

ヘアゴムひも 伸びる

ナイロン製ひも 伸びない

教材の作り方

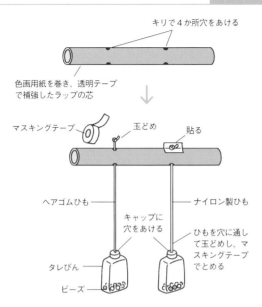

キリで4か所穴をあける

色画用紙を巻き、透明テープで補強したラップの芯

マスキングテープ　玉どめ　貼る

ヘアゴムひも　　ナイロン製ひも

キャップに穴をあける

ひもを穴に通して玉どめし、マスキングテープでとめる

タレびん

ビーズ

さくらんぼ保育園 水野由梨先生　考案・作成

準備するもの

ヘアゴムひも（約50cm）
ナイロン製ひも（約50cm）
ビーズ
プラスチック製タレびん　2つ
ラップの芯（色画用紙を巻き、透明テープで固定する）
マスキングテープ　キリ

作り方

2つのタレびんにビーズを入れます。タレびんのキャップとラップの芯にキリで穴をあけ、伸び方の違う2種類のひもで、タレびんとラップの芯をつなぎ、マスキングテープでしっかりととめます。

工夫点

教材は、ひもやテープで壁などに固定します。タレびんを振るとマラカスのように音が出るため、手に取る過程でしぜんとひもの伸び縮みにも興味がわくようにします。

＼ ほかにもこんな教材が！ ／

床面に置いて遊ぶ教材

さくらんぼ保育園 村岡梨央先生　考案・作成

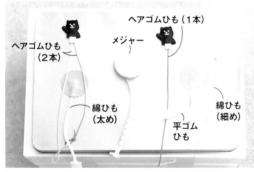

ヘアゴムひも（2本）　ヘアゴムひも（1本）　メジャー　綿ひも（太め）　綿ひも（細め）　平ゴムひも

準備するもの 様々なひも・お菓子缶のふた・フェルト・強力接着剤

作り方 接着剤で各ひもをふたに貼りつけ、その上に風船やクマに見立てたフェルトをつけます。

工夫点 フェルトをつけることで、子どもたちが興味をもってひもを引っ張れるようにしました。引っ張りやすいように、持ち手部分を丸くしたり、取っ手をつけたりしています。

手に持ってつまんで遊ぶ教材

さくらんぼ保育園 西垣内江美先生　考案・作成

平ゴムひも 伸びる　つづりひも 伸びない

準備するもの 乳酸菌飲料の容器（ペットボトルでも可）・平ゴムひも・つづりひも・ビーズ（4個）・デコレーションボール・マスキングテープ

作り方 乳酸菌飲料の容器にキリで穴をあけ、ひもを取りつけ、ビーズで固定します。容器内にデコレーションボールを入れ、キャップをマスキングテープでとめます。

工夫点 子どもの興味を喚起させるため、容器の中にデコレーションボールを入れ、表面に顔を描いています。また、伸びるひもを引っ張ってはなすと容器にビーズがあたって音がするだけでなく、中のデコレーションボールが振動する様子も楽しめます。

ここに注目 互いに異なる性質をもっている「伸びるひも（ヘアゴムひも・平ゴムひもなど）」と「伸びないひも（ナイロン製ひも・スズランテープ・つづりひも・綿ひもなど）」との両方を1つの教材に組み込むことがポイントです。さらに、子どもたちがひもを引っ張ってみたくなる工夫をすることで、しぜんと遊びがはじまります。

「ひもの伸び縮み遊び」の 探索の様子

ひもを引っ張ることを楽しむ

子どもたちがよく通る場所にある棚に教材を固定しました。最初はタレびんを振って音を鳴らすという行為を楽しむ中で、「引っ張る」という動作がしぜんに生まれてきました。そして次第にひもを両手や片手で力を込めて引っ張ることで、ひもが伸び縮みすること自体を楽しむようになっていきました。

ここに注目

0歳児は手だけでなく口など、体全体を使って探索していました。また、手足の身体機能の発達とともに「引っ張る」「投げる」「振る」など、探索行為のバリエーションが増えていきました。

手に持ってつまんで遊ぶ教材

いつも使うおもちゃと教材を一緒に並べておき、子どもたちに選んでもらうようにしました。ビーズを口で引っ張ろうとする子どももいましたが、多くの子どもは片手にペットボトルを持ち、もう一方の手でビーズをつまんで、引っ張っていました。

床面に置いて遊ぶ教材

教材を保育室に置いておくと、数人の子どもが1つの教材で一緒に遊んでいる様子が見られました。月齢の高い子どもの多くは、メジャーを引っ張ることに興味をもって遊んでいました。月齢の低い子どもも、月齢の高い子どもの探索を見ながらメジャーに興味をもって探索をはじめました。その後、どの月齢の子どもも、ひもの種類による伸び縮みの違いに気づきました。

保育者による情緒面のサポートにより遊びが深まる

　0歳児の中には、見慣れない「かがく遊び」の教材に対して「驚き」や「とまどい」を抱く子どももいるでしょう。保育者も環境の一部であると考え、子どもとともに教材の近くに座って「場」に慣れさせ、自ら楽しくやってみせながら「安心感」を与えることが大切です。

　このような情緒面のサポートにより、子どもは安心すると同時に、かがく遊びに対して「おもしろそう」という興味の感情を引き起こすのです。

（※参考文献は巻末の P.95 を参照してください。）

もの の 浮き沈み遊び

知的な気づき

ものには、浮くものと
沈むものがあることを
体験を通して気づく。

もの が 浮いたり沈んだり
する ことの不思議

人や物体が水に浮くのは、水から「浮力」という力を受ける
ためで、お風呂やプールでも実感できる身近な力の一つです。

今回紹介する「ものの浮き沈み遊び」は、子どもたちが「浮
力」を感じとる機会を提供します。自分の手で様々な素材を水
の中に入れていき、水槽の中をのぞき込むことで、「浮くもの」
と「沈むもの」があることに気づきます。そして、その違いを
不思議に思うことから、「かがくする心」がはじまるのです。

一度気づくと、日常の様々な場面で「浮くもの」「沈むもの」
を見つけられるようになります。この経験の積み重ねが、中学
1年理科で「浮力」を学んだときに、数式だけでなく実感を伴
った理解につながっていくと考えています。

互いに性質の異なる
教材配置

浮くもの
● 木の玉　● レモン　● カボチャ
● カラーボール　● ピンポン玉
● オクラ　● エダマメのさやの部分

沈むもの
ビー玉　　低反発のゴムボール
樹脂素材の積み木
エダマメの豆の部分
小石

準備するもの

水槽（横からのぞき込めるように、透明のもの）
水（水の量が多いと子どもが水槽からものを取りにくくなるため、水槽の半分程度の量にする）
教材を入れるかご

工夫点

教材となるボールやおもちゃは、探索に集中できるようできるだけ無地のものにします。子どもたちが取り合いをせずに、じっくり探索できるように、上記のものを1人1セット準備するのが理想的です（1人1セットの教材配置）。また、「ものの浮き沈み遊び」に使用する教材は、誤飲・誤食をしないような教材を選ぶようにしてください。

保育者が予備実験をしよう

教材の候補を決めたら、実際に予備実験してみましょう。保育者の予測と結果が違うことがあります。例えば、トマトは一般的に「浮く」と紹介されていますが、同じ大きさ（体積）でもよく熟した密度の高いトマトは沈むことがあります（写真左）。ほかにも、サツマイモに浮くものと沈むものがあることを発見しました（写真右）。特に、写真にもあるように水槽の真ん中で静止してしまう場合、この野菜が「浮くもの」なのか「沈むもの」なのか、子どもが判断に困ってしまうことが推測されます。「ものの浮き沈み遊び」の教材選択においては、子どもから見ても「浮く」または「沈む」ということが明確にわかる教材を意図的に選択しましょう。実践前にどんな素材が浮いて、どんな素材が沈むのかを知ることで、余裕をもって子どもと関わることができます。予備実験については、P.87にくわしく述べていますので参考にしてください。

ここに注目

プール遊びでは「浮くもの」だけを準備することが多いようですが、「沈むもの」も意図的に準備することがポイントです。互いに性質の異なる教材を配置することにより、0歳児であっても、比べながら思考するようになります。

「もの の浮き沈み遊び」の 探索の様子

いろいろなものを水に入れてみる

子どもがかごから教材を1つずつ取り出し、1つずつ名前を言いながら、水槽の中に入れていきました。次から次へと水槽にものを入れ、教材が浮いたり沈んだりするのをおもしろがる様子が見られました。

沈んでいるものを見つける

水槽の側面から水中をのぞき込んだところ、沈んでいる教材を発見し、それを無言で指を差しながら沈んでいることをくり返し保育者に示していました。

2人でいながらも言葉は交わさず、それぞれで遊んでいました。

2人で一緒に探索する

それぞれに1セットずつ教材を準備していたにも関わらず、2人で同じ水槽に教材を入れて探索する様子がありました。

ここに
注目

今回の0歳児の探索行動で、「水中に素材を入れ、素材が『浮く』のか『沈む』のかをくり返し確かめようとする様子」や、「浮いていた素材を手で押すとどうなるかを探索しようとする様子」が見られました。適切な環境を準備することで、小学校低学年の児童がおこなうような探索行動の基礎が0歳児であっても芽生え、浮力を感じとることができます。

浮いているものを沈めてみる

様々な教材を水の中に入れていく過程で、水に浮いているカボチャやカラーボールを手で押して沈めようとする子どももいました。しかし、カラーボールを手で沈めても浮かびあがってくるのを見て、不思議に感じている様子が見られました。

保育者による過度の言葉かけに注意する

　0歳児の探索の仕方の特徴の1つに、1人で黙々と探索することがあげられます。熱心に取り組む子どもの姿を見て、保育者は遊びをさらに深めようと「このボールはどうなるかな?」「あ! ビー玉は沈んだね」「レモンが浮いているね、手で押したらどうなるかな?」などと、過多な言葉をかけがちです。

　しかし、このような場面で保育者が言葉をかけることで、子どもがじっくりと何かに気づいたり、思考したりすることを止めてしまうことがあります。子どもが集中しているときは、探索している子どもの様子をしっかりと見守り、子どもが気づきを伝えてくるまで待ちましょう。

　一方、子どもがかがく遊びに取り組まないときも強制せずに、保育者や友達が探索する様子を見せるなどの「待ちの姿勢」が重要です。

（※参考文献は巻末の P.95 を参照してください。）

空気遊び

知的な気づき

目に見えない空気の力が、
ものにおよぼす力の
程度について、
体験を通して気づく。

目に見えなくても感じとれる空気の不思議

空気は目に見えませんが、顔や手にあたると、皮膚に力が加わるため、体感できます。物的環境を工夫すれば、1歳児であっても空気の存在を感じとり、それで遊ぶようになっていきます。

今回紹介する「空気遊び」は、目に見えない空気をものにあてたとき、ものが浮いたり浮かなかったりするのを見ることで、空気がおよぼす力の程度の違いを遊びの中で感じとる機会を提供します。1歳児では、様々なものに何度も空気をあてる探索を通して、目に見えない「空気」をより身近に感じ、さらに探索しようとする意欲を芽生えさせます。

このような体験を積み重ねることにより、4・5歳児になるころには、ビニール袋などで空気をつかまえて遊ぶようになり、小学4年理科の「空気」の学習では、より実感をもって学ぶようになるでしょう。

互いに性質の異なる教材配置

空気の力で浮くもの
● 風船
● 飾り羽根
● 緩衝材（発泡スチロール）

空気の力で浮かないもの
　カラーボール
　ピンポン玉
　ゴムボール

準備するもの

サーキュレーター
延長コード
養生テープ
かご

作り方

① サーキュレーターの吹き出し口を上方向に設置し、コードは子どもが足を引っかけないように養生テープでとめます。

② 空気で浮くもの・浮かないものを同数かごに入れ、サーキュレーターの横に置きます。

工夫点

空気の力でものが浮くことがわかりやすいように、サーキュレーターの空気の吹き出し口は、横方向ではなく上方向にして使用しました。

ここに注目

「空気遊び」においても、サーキュレーターから出てくる空気によって「浮くもの（風船・飾り羽根・緩衝材）」と「浮かないもの（カラーボール・ピンポン玉・ゴムボール）」を意図的に配置します。このような互いに性質の異なる教材を配置することで、1歳児はサーキュレーターから出てくる空気がおよぼす力の程度の違いを感じとることができるのです。

「空気遊び」の 探索の様子

見えない空気を
体で感じとる

サーキュレーターを起動すると、その上に手をかざし、空気を感じる姿がありました。目には見えなくても、空気がおよぼす力を感じとったのか、顔をサーキュレーターの上に出して、空気を受けると、うれしそうに声をあげる様子も見られました。

顔に
飛んできた!

ものをのせて、
空気の力を感じようとする

はじめのうちは風船を手に持ったり、投げたりしていました。次第に、風船をサーキュレーターから出る空気にあてると、空気の力で飛び続けることに気づき、くり返し風船を飛ばして遊ぶようになりました。

ここに
注目

今回の探索行動で興味深かった点は、子どもがサーキュレーターに手をかざし、そこから出てくる目に見えない「空気」を手で感じとっていたことです。対象が見えていなくても、触覚を駆使しながら探索できることがわかります。もう一つ興味深かった点は、空気の力で動くものを何度もサーキュレーターにかざす探索をくり返す過程で、「目に見えない空気にものをあて

る→ふれていないのに、ものが動く」といった関係を見つけていたことです。この関係は、「一定の条件を与える→同じ結果が起こる」という「因果関係」を、体験を通して自力で獲得していたことを意味します。このように1歳児であっても、探索をくり返すことで「科学的な思考」が芽生えていることがわかります。

浮いたものを
つかもうとする

飾り羽根はうまく空気に乗れ
ばふわっと浮き、ひらひらと
落ちてきます。その羽根を空
中でキャッチして遊ぶ姿も見
られました。それぞれの素材
をよく観察することで、それ
らの動き方が予測できている
ことがわかります。

いろいろな気づきから
探索の仕方を変えてみる

ゴムボールを置くと、空気の力によっ
て、くるくる回転をします。その様子
をじっと観察する姿がありました。一
方、飾り羽根は空気の力で浮きますが、
それを押さえつけて浮かないようにす
るなど、それぞれの素材による性質の
違いによって探索の仕方を変えていま
した。

子どもの探索状況を踏まえた適切な関わりをする

　保育者のみなさんは、「かがく遊び」に限らず様々
な保育場面で、状況に応じて子どもたち一人ひとりと
関わっていると思います。しかし、保育経験を重ねる
と、「こういうとき、子どもはこう動く」という予測
がある程度できるようになってくるため、この予測だ
けに基づいて子どもと関わってしまいがちです。

　子どもとの関わりにおいて重要なことは、「保育の
ねらい」「これまでの経験に基づいた予測」に加えて、
「目の前の子どもたちの探索行動をよく見る」という
ことです。子どもたちの探索状況をよく見ることを通
して、各保育場面で適切な言葉かけや教材提示ができ
るようになってきます。

（※参考文献は巻末の P.95 を参照してください。）

斜面転がし遊び

知的な気づき

斜面に置いたときに
転がりやすい形と
転がりにくい形とが
あることに体験を
通して気づく。

手をふれなくても物体が
動きはじめることの不思議

　斜面にボールを置くと、しぜんにボールが転がる現象は、日常生活でよく見かけます。

　今回紹介する「斜面転がし遊び」は、子どもたちが「転がすものの形」によって、転がり方が異なることを感じとる機会を提供するものです。

　転がると思っていたものが転がらない、またはその逆の体験を重ねることで、不思議に思う気持ちが芽生えます。ものによって「転がりやすいもの」と「転がりにくいもの」がわかるようになると、公園のすべり台などの斜面に出会ったときに、様々なものを転がしてみたくなり、遊びに広がりができるでしょう。

　そして将来的には、中・高等学校理科での「斜面上の物体の運動」について実感を伴って学ぶことにもつながります。

互いに性質の異なる
教材配置

転がるもの
● 車のおもちゃ
● カプセルトイの空き容器
● 新聞紙リング
● カラーボール
● ガムテープの芯
● 円形ボビン

新聞紙リング

円形ボビン

三角形ボビン

転がらないもの
サイコロ型のブロック
三角形ボビン

準備するもの

段ボール（約150cm）　　画用紙
幅広のセロハンテープ
金属製あみボード（約19×62cm）
棚（高さ約50cm）
グルーガン

作り方

❶ 段ボールに画用紙を貼り、幅広のセ
ロハンテープでコーティングします。

❷ ❶の下にあみボードを貼りつけます。

❸ 棚に❷をテープなどで貼りつけます。

あみボードを段ボールの下に
貼りつけて補強します。

新聞紙リング

準備するもの　新聞紙・ビニールテープ

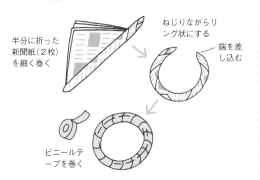

半分に折った
新聞紙（2枚）
を細く巻く

ねじりながらリ
ング状にする

端を差
し込む

ビニールテープを巻く

ボビン

準備するもの　段ボール・カラーペン・色画用紙・グルーガン・透明テープ

側面

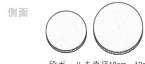

円形　段ボールを直径18cm、12cm
各2枚円形に切る

三角形　三角形の一辺が15cm
のものを2枚切る

軸

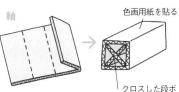

段ボールを四角柱型に切る

クロスした段ボールを入れる

色画用紙を貼る

ペンで描く

グルーガンで左右
に貼りつける

三角形も同様にし、
透明テープで全体を
コーティングする

工夫点

斜面の近くの同じ棚の中に、転がるものと転がらないものを区別せずに配置しました。
子どもが遊びたいときに遊べるように、保育室内に教材を常設しました。
教材が転がる様子を子どもの目でも追えるように、斜面の角度や高さを調節しました。
斜面を転がったあと、教材がいろいろな場所に散らばると探索したいという気持ちがそがれるため、
転がった先には壁があるように教材を配置しました。

ここに注目

斜面転がし遊びにおいても、「転がるもの」と「転がらないもの」を意図的に配置します。このような互いに性質の
異なるものを配置することで、1歳児はものの種類によって転がり方が違うことに気づき、それを不思議に思う気
持ちが育っていきます。この「不思議に思う気持ち」が次の探索につながっていくのです。

「斜面転がし遊び」の 探索の様子

転がるものばかりで遊ぶようになる

最初は転がる素材と転がらない素材の両方で遊んでいましたが、次第に転がる素材だけを選ぶようになりました。

「もの」の種類による
転がり方の違いを感じとる

何度もくり返し転がすことを楽しむことで、教材1つ1つに転がり方の違いを感じているようでした。

生活の中にも
斜面を見つけて
転がし遊びをする

保育室内でマット・すべり台などの運動遊びをしていたところ、坂道を使って転がし遊びをはじめた子どもがいました（写真左）。また、河川敷に散歩に行ったときには、小山を見つけて近くにあった石を転がし、その様子を見て何回も試す子どもがいました（写真右）。

ここに
注目

1歳児の多くは、転がるものと転がらないものをひと通り試してから、気に入った教材で集中的に遊ぶ姿が見られました。探索の過程から転がりやすさの違いを認識し、自分で選択して遊ぶ力がついています。また一部の1歳児では、転がらないものに対して手で転がそうとする姿も見られました。自分が思い描く転がり方にするためにはどうすればいいか、自分なりに考えていることがわかります。

えいっ！

斜面の長さを長くして確かめようとする

戸外に出て、雨樋（あまどい）で作った教材で転がし遊びをしました。戸外のため、斜面の長さを長くしてみました。転がらないものを入れると途中で止まり、教材がどんどんたまっていきました（写真左）。また、転がらないものを、指で押し進めようとする子どももいました（写真右）。

ペットボトルのふたや落ちていたドングリ・小石・葉っぱなど、様々な教材を単体で転がすうちに、ボールとガムテープの芯を合体させて転がす子どももいました。

雨樋斜面の作り方

コの字型の発泡スチロールの上部を、雨樋のカーブに沿って切ります。転倒防止のため、砂を入れた紙パックや水を入れたペットボトルをガムテープで巻きつけ、固定します。最後に180cmに切った雨樋を立てかけ、切り口や角をテープで保護します。

「かがく遊び」における言葉かけの方法

「かがく遊び」では、保育者の意図が込められた物的環境の中で、大人の力を借りず自ら考えて決定し、自ら探索していくことを大切にしています。遊びをさらに拡張させ、深めるためには、保育者の「言葉かけ」のタイミングと内容が重要となってきます。

そのため、①子どもが「もの」に没頭しているときは話しかけない　②子どもから「気づき」を伝えに来た際は一緒になって驚き、おもしろがる　③探索が停滞している子どもに対しては、保育者自らが教材を使って遊びながら驚きや楽しさを言葉にすること、が大切です。

指示的・教示的な言葉ではなく、保育者が驚いたりおもしろがったりしたことを積極的に子どもに伝え、「○○ちゃんならどう思う？」といった子どもに判断を促すような問いかけをすることが望ましいです。

（※参考文献は巻末のP.95を参照してください。）

「斜面転がし遊び」の様々なバリエーション

斜面を使った遊びは、ものの転がり方やすべり方の違いを体験を通して感じとる遊びですが、前ページで紹介したもの以外にも様々なバリエーションを作ることができます。ここでは、園でおこなった斜面を使った遊びを紹介します。

斜角 を変える

1・2歳児

「急斜面」と「緩やかな斜面」

2枚の板を角度を変えて並べて置き、車のおもちゃを置いてすべらせます。斜面の先には、動物のステッカーを貼り、どこまですべったのかわかるようにしています。

青い車はヒヨコまで行ったね！

知的な気づき

傾斜の角度によってものの転がり方が異なることに体験を通して気づく。

斜面の素材 を変える

1歳児

「面ファスナー（凹面）」と「フェルト」と「画用紙」

面ファスナー（凸面）を貼りつけた円柱の積み木を、面ファスナー（凹面）・フェルト・画用紙の3種類の斜面に転がします。転がった先にはベルを置き、止まらずに転がることができれば「チン」と音が鳴るようにしました。

知的な気づき

斜面に貼りつけた素材の違いによって面ファスナーをつけた円柱の積み木の転がり方が異なることに体験を通して気づく。

面ファスナーやフェルトをつけた斜面では、途中で何度も円柱の積み木が止まってしまいます。どうして止まってしまうのか、斜面をさわったり、円柱で斜面をこすったりして、考える様子がありました。

斜面上の物体に
加える力 を変える

「水流がある斜面」と「水流がない斜面」

2本の雨樋を並べて配置し、魚のおもちゃをすべらせます。ホースから水を流し、水流のある斜面では水流に乗って魚がすべるのに対して、水流のない斜面では魚は動きません。すべらない魚に対して、手で押しながらすべらせる様子が見られました。

\ 流れた！ /

探索中に、子どもが流れる水の働きを感じとったので、保育者が水を入れる容器を準備したところ、子どもたちはホースから水が出ていなくても、自分で水を流し、魚をすべらせようとしました。最初は、魚の前方に水を流してしまいすべりませんでしたが、次第に魚の後方から水を流してすべらせるようになりました。

知的な気づき

斜面に水が流れているかどうかで、もののすべり方が異なることに体験を通して気づく。

斜面にのせるもの を変える

「粘度の高いボディソープ」と
「粘度の低い色水」

透明の斜面に、固体ではなく液体を流します。ボディソープのように粘度が高くゆっくり流れるものがある一方、水のように粘度が低くすばやく流れていくものがあることを感じとっていきます。

色水

ボディソープ

なかなか流れないボディソープを、斜面の上から色水をかけて、流そうとする子どもがいました。ボディソープが色水に押され、混ざりながら流れる様子をじっと観察していました（写真左）。流れる色水と流れないボディソープを同時に流して、どのように流れるのか試す子どももいました（写真右）。

知的な気づき

液体には、斜面上ですべりやすいものとすべりにくいものがあることに体験を通して気づく。

すべりやすいもの
色水

すべりにくいもの
ボディソープ

光の透過遊び

知的な気づき

ものには光を透過
しやすいものと、
しにくいものがあることに
体験を通して気づく。

ドアに
ちゅうい

実体のない光を感じとることの不思議

　光がものにあたるとき、光が透過できずに影をつくる場合と、透過して有色または無色の光が届く場合があります。

　今回の「光の透過遊び」は、子どもたちがものの種類によって、光が透過するものと透過しないものがあることを感じとる機会を提供します。探索を重ねていく過程で、実体のない光に対して「おもしろい」「不思議」と思う気持ちが芽生えてくるでしょう。

　身のまわりに光が透過しやすいものと透過しにくいものとがあることがわかると、それらを組み合わせて光が透過するかどうかを探索しようとすることで遊びが広がります。このような体験を積み重ねていくことで、小学3年理科および中学1年理科での「光の性質」の学習について実感を伴って学ぶことができるでしょう。

互いに性質の異なる教材配置

透過するもの
●カラーセロファン（赤・青・黄・透明の4種類）

透過しないもの
色画用紙（赤・青・黄の3種類）

教材の作り方

準備するもの

段ボール　ラミネートフィルム　ラミネーター
両面テープ　透明テープ　養生テープ

工夫点

　2歳児にもなじみのある赤・青・黄のセロファンを使っています。

　手持ち用を窓用に重ねたとき、重なりのある部分とない部分をつくることで色の変化が明確になるようにするため、窓用セロファンは大きめのサイズで作成しています。

　手持ち用の形を、三角・四角のものだけでなく、トンボや双眼鏡の形にすることで、飽きずに遊びが継続できるようにしました。また、持ち帰ってもらうことで、家庭でも遊びを楽しめるようにしました。

双眼鏡型 　トンボ型

窓用

手持ち用

作り方

① カラーセロファンをA3判サイズに切り、セロファンの破れ防止のため、ラミネート加工を施し、段ボールで作った枠に貼ります。

② ①と色画用紙（A3判サイズ）を光が入ってくる窓に、子どもの目線の高さに合わせて、養生テープで貼りつけます。

作り方

① 段ボールを四角・三角にそれぞれ切り、同じ形でくり抜きます（まったく同じ形のものを2つ準備します）。

② ラミネート加工を施したカラーセロファンを①に合わせて切り、両面テープで貼ります。同じ形に切り抜いた段ボールで挟み、透明テープで補強します。色画用紙のほうも同様に作ります。

ここに
注目

　光の透過遊びにおいても、「光が透過するもの（＝カラーセロファン）」と「光が透過しないもの（＝色画用紙）」を意図的に配置します。このような互いに性質の異なる教材を配置することで、2歳児はものの種類によって光の透過の仕方が異なることに気づき、実体のない光の存在を感じとることができるのです。

「光の透過遊び」の 探索の様子

まわりの景色を楽しむ

まずは、窓用の色画用紙やセロファンをのぞき込んで遊びました。子どもたちは、光を透過するセロファンを通すと、見える景色が色づいていることに気づきました。一方、色画用紙では景色が見えないことに気づいていた子どもに対して、保育者が「何でだろう？」と聞くと、「お空が白いから？」と自分なりの理屈をつくる子どももいました。

赤色のセロファンに
透明セロファンを重ねると

セロファンに
色画用紙を重ねると

セロファンや色画用紙を重ねて景色を見てみる

子どもたちは、窓用のセロファンや色画用紙に手持ち用のものを重ねて遊びました。セロファン同士を重ねると色が変わることに気づくと、たくさんのものを重ねてのぞいて見る子どももいました。また、色画用紙や透明セロファンを重ねると、色が変わらないということに気づいた子どももいました。

いっぱい重ねると

セロファン同士で

2歳児は、赤色のセロファンを通して園庭の景色を見たとき、「赤色になった」と不思議に感じていましたが、これは「色の恒常性」を獲得した結果と考えることができます。「色の恒常性」とは、たとえセロファンを通して園庭の景色の色が変わっても、園庭の木は緑、土は茶色というように経験から本来の色を判断できることです。

セロファンで色を重ねて遊んだ経験を色水遊びにつなげました。赤・青・黄のうちの2色をそれぞれが選び、コップにそのうちの1色を注ぎます。そこにもう1色を注ぎ、混ざっていく色の様子を見て遊びました。

準備するもの

赤・青・黄それぞれの食紅を溶かした色水を入れた500mLのペットボトル　各色1人1個程度
透明コップ　1人4個程度
漏斗（ろうと）
乳酸菌飲料の容器

はじめは、コップに入れる色水の限度量がわからず、色水をあふれさせていましたが、くり返すうちに、量を調節しながら色水を注げるようになりました。同じ青と黄を混ぜた緑でも、色が違うことに気づく様子も見られました。

赤・青・黄の3色を混ぜるうちに、セロファンをたくさん重ねたときと同様に黒くなっていく様子もありました。

できた色水を乳酸菌飲料の容器に移し替えることでジュースやさんの遊びにつながりました。また、日当たりのよい窓際に設置することで、透過光が机上に写るようにしました。

友達の気づきを聞くことで、さらに試してみたい気持ちが高まる

2歳児から3歳児にかけて、子どもは会話のルールを習得するため、急激に対話が上手になっていきます。「気づき」や「自分なりの考え」を話すことができるようになったら、「振り返りの時間」を設定し、子どもたち同士がそれらを共有できるようにしてあげましょう。

友達の「気づき」を聞くことでそれを自分もやってみたくなったり、自分の「気づき」と友達の「気づき」を組み合わせて新たな探索をしたくなったりするようになります。探索過程を通じて、自分1人で気づいたり考えたりすることから、次第に他者と一緒に気づいたり考えたりできるようにしたいものです。

（※参考文献は巻末のP.95を参照してください。）

シェイカーを使った音遊び

知的な気づき

シェイカーに入れる素材の
種類によって、
シェイカーを振ったときの
音の出方の違いについて、
体験を通して気づく。

素材によって異なる音の出ることの不思議

　音は、ものが振動した際、その振動が空気を伝わって耳まで届いたものです。音は物質ではないため実体はありませんが、聴覚で感じとることはできます。物的環境を工夫することで、実体のない「音」そのものを関わりの対象として探索するようになっていきます。

　今回紹介する「シェイカーを使った音遊び」は、透明のシェイカーにいろいろな素材を1種類ずつ入れて振ることで、音の出方の違いを感じとる機会を提供します。「音が出やすいもの」と「音が出にくいもの」とを比較しながら、目に見えない「音」をより身近に感じることで、音をふだんの遊びの1つに加えることにつながるでしょう。

　このような探索体験を積み重ねることにより、音楽発表会で「音」をより意識して奏でたり、小学3年理科および中学1年理科の「音」の学習では、より実感をもって学んだりするようになります。

互いに性質の異なる教材配置

音が出やすい素材	ビーズ（2cm）10個 ゴムボール（2cm）6個　米
音が出にくい素材	● 丸めた紙（約4cm）6個 ● 丸めたわた（約4cm）6個 ● スポンジ（約4cm）6個

ビーズ　ゴムボール　米
丸めた紙　丸めたわた　スポンジ

教材の作り方

準備するもの
シェイカー　6個（100円ショップで購入）
容器　6個

工夫点
　小さい素材も使用しているため、保育者がそばで見守りながら、少人数でおこないました。

＼探索の前に素材にふれよう／

　容器に入った素材をさわるところから探索がスタートします。「（米を見て）ごはんがある」「（スポンジを見て）ゴシゴシするやつ」「（わたを見て）わたあめ」などと、それぞれ自分の知っている知識と素材を結びつけながら、保育者に話しかける姿が見られました。そのあとに、自分でシェイカーのふたをあけて素材を1つずつ入れていました。

ここに注目

　「シェイカーを使った音遊び」においても、シェイカーの中に入れて振ることで「音の出やすいもの」と「音の出にくいもの」を意図的に配置します。このような「互いに性質の異なる素材」を配置することで、2歳児はものの種類によって発生する音の違いを感じとることができるのです。

「シェイカーを使った音遊び」の 探索の様子

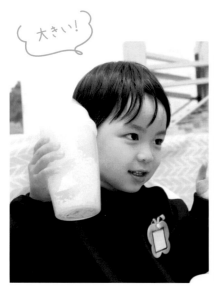

大きい！

聞こえない

いろいろな素材を
シェイカーの中に入れて
振ってみる

いろいろな素材をシェイカーに入れて振ります。音が出にくいものを選択すると、すぐにふたをあけてお皿に戻す姿がありました。音の出やすい素材を入れて振ると、「（音が）大きい！」と保育者に話していました。素材を順番に試しながら「これは聞こえる」「これは聞こえない」と素材を音の出るものと出ないものとに分類している姿もありました。

どうすれば
音が出るかを考える

保育者は、わたやスポンジ、紙をシェイカーに入れて振っても音がしないと言った子どもに対して、「どうすればいいかな？」と問いかけてみました。最初は、「わからない」と返した子どもは、しばらく遊んでいるうちにビーズを1つだけ持ち、わた入りのシェイカーにそれを加えました。振ると音が出たので、「わー、聞こえる！」と言っていました。この探索から、音が出やすい素材と出にくい素材を混ぜて音を確認する姿がありました。

聞こえる！

ここに注目

今回の探索行動で興味深かった第1の点は、「音が出やすい素材」と「音が出にくい素材」に分類している子がいたことです。2歳児にもなると、実体のない「音」であっても聴覚を使って、「音が出やすいもの」と「音が出にくいもの」に仲間分けする思考が育っています。さらに興味深かった第2の点は、多数回の試行を経たあと、複数の素材を混ぜるとどんな音が発生するかを確かめたい思いに至った点です。この遊びでは、1種類の

素材からどんな「音」が発生するかを感じとってほしいというねらいから、保育者は2歳児に最初はシェイカーに1種類だけ素材を入れて探索するよう促しています。しかし、1種類の素材でひと通りどんな「音」が出るかを知った2歳児は、今度は「素材Aの音＋素材Bの音」という「足し算」の考え方へと思考を深めていったと思われます。このように今回の実践では、分類したり、組み合わせたりといった思考の深まりがうかがえました。

やさしい
音がする

ボールと紙は
出して……

聞こえるかな？ん？

たくさんの「もの」を
入れると音が
どう変わるか考える

探索の回数を重ねると、自分のお気
に入りの素材だけを集めて混ぜたり、
全部の素材を混ぜたりして探索が深
まりました。全部の素材を混ぜた子
どもの中には、音を確認したあとに、
いくつかの素材だけを抜き、音の出
方の違いを確認する姿もありました。

「科学知識」を教えるのではなく子どもの「気づき」や「思考」を促す

　２歳ごろになると、探索によって気づいたことや考
えたことを保育者に知らせるようになります。このと
き、保育者は理科の学習のように正しい科学知識を伝
えるのではなく、子どもの気づきや考えを深めるため、
もう一度言い直して子どもに伝えたり、「何でだと思

う？」と問いかけたりしています。
　「かがく遊び」では、子どもたちが「自分なりの思考」
を深められるよう、「気づき」や「思考」を促すこと
が大切なのです。

（※参考文献は巻末の P.95 を参照してください。）

磁石遊び

特定のものだけにくっつく磁石の不思議

　磁石はどの家庭にもあり、子どもたちにとってもなじみ深いものです。また、磁石は直接ふれていなくても、「磁力」によって鉄や磁石を動かせるため、子どもにとって魅力的な素材でもあります。

　今回紹介する「磁石遊び」は、3歳児が磁石で自由に探索する過程で、磁石がくっつく壁面とくっつかない壁面があることを感じとる機会を提供します。それらをくり返す中で、「おもしろい」「不思議」と思う気持ちが芽生え、さらに探索が広がっていくでしょう。壁面だけでなく、次第に身のまわりのいろいろなものに磁石を近づけて、磁石のつき方の違いを確かめながら探索が深まっていきます。

　このような体験を積み重ねることで、小学3年理科および中学1・2年理科での「磁石の性質」の学習について、実感を伴って楽しく学ぶことができるでしょう。

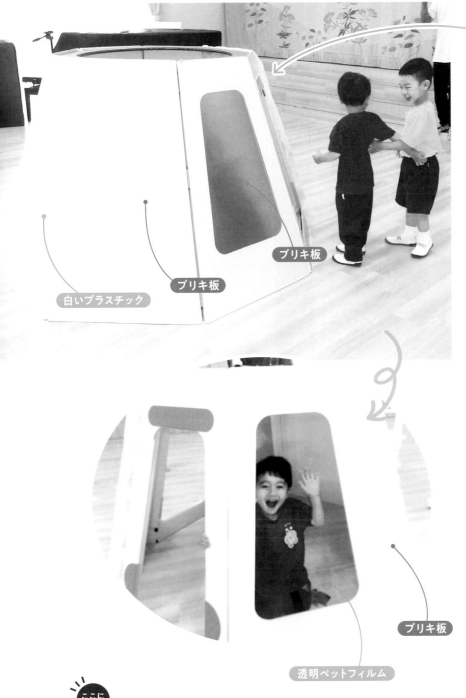

白いプラスチック

ブリキ板

ブリキ板

透明ペットフィルム

ブリキ板

準備するもの

段ボールハウス

それぞれの素材を段ボールに貼ったりはさみ込んだりして壁状にし、左の写真のようにハウス状に組み立てました。

磁石

それぞれの数を1人1セットずつ
　プラスチックキャップのついた磁石　4個
　木の飾りのついた円柱型磁石　18個
　マグネットシート　（大小の丸形・三角形・四角形に切ったもの）各2枚の計12枚

プラスチックキャップの
ついた磁石

木の飾りのついた
円柱型磁石

マグネットシート

工夫点

　様々な形のマグネットシートを準備することで、形遊びにつながるようにしました。

　安全面に配慮し、子どもが壁の内側で探索する様子を保育者が見られるようにするため、出入り口のほかに透明ペットフィルムを使った透明の壁も用意しました。また、この壁の両側から2個の磁石を近づけるとつくという探索も想定してこの教材を選びました。

　磁力の強い磁石を意図的に用意して、子どもたちがくっつく、くっつかないの判断がしやすいようにしました。

ここに注目

磁石遊びにおいても、「磁石がくっつく壁面」と「磁石がくっつかない壁面」を意図的に配置します。このような互いに性質の異なる教材を配置することで、3歳児はものによって磁石のつき方に違いがあることに気づき、身のまわりにあるいろいろなものに磁石をあてて確かめることを通して遊びが深まっていきます。

「磁石遊び」の 探索の様子

複数の磁石で遊んでみる

子どもたちはたくさんの磁石を出すと、最初は磁石同士を積みあげたり、つなげたりする探索がはじまりました。また、磁石同士がはなれていても、ある距離まで近づけるとくっつくことに気づいた子どももいました。さらに、磁石の極を逆にすると、退け合うことに気づいた子どももいました。

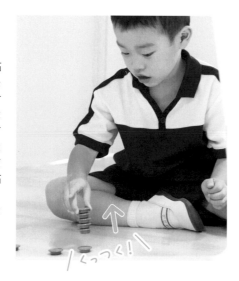
くっつく！

はなれる！

それぞれの壁にくっつけてみる

子どもたちは、磁石同士をくっつけるところから、次第に段ボールハウスに興味をもちました。磁石を段ボールハウスの外側と内側にくっつけて遊んでいました。1つの壁だけでなく、すべての壁に磁石をあてて、くっつくかどうか試す様子も見られました。

磁石を手で動かしながら、磁力を感じる場所と感じない場所を探しているようでした。

ここに
注目

　3歳児の探索行動を分析してみると、0歳児から様々な種類の「かがく遊び」を体験してきた幼児と、そうでない幼児とでは探索の仕方に違いが見られました。「かがく遊び」体験をしてきた幼児の多くは、探索の初段階から自分の確かめたいものに磁石を近づけ、磁石につくものとつかないものを比較したり、予想したりしながらつき方を確かめていました。一方、「かが

く遊び」体験をしていない幼児は、「表現遊び」をすることが多く見られました。今回の観察だけでは断定はできませんが、乳児期の「かがく遊び」体験の有無が幼児期以降の「探索」活動に影響を与える可能性が考えられます。この点については、今後も引き続き、分析していくつもりです。

「磁石遊び」から「ごっこ遊び」や磁石を組み合わせる「構成遊び」へ

磁石を使って遊ぶうちに「ごっこ遊び」に発展したり、さらに様々な形のマグネットシートや磁石同士を組み合わせて、お父さんの顔・飛行機・家・自転車・車・信号などを作る「構成遊び」に発展したりすることもありました。

あれ？

磁石が身のまわりのものにくっつくかどうか確かめてみる

くっつく場所とくっつかない場所があるとわかると、次第に室内の様々な場所やほかのものにくっつくかどうかを確かめる探索がはじまりました。段ボールハウスの銀色の部分（ブリキ）に磁石がくっつくと、同じ銀色の扉の取っ手部分にくっつけようとする様子が見られました。しかし、取っ手はアルミのためくっつかず、「あれー？」と言いながら、複数回試す様子が見られました。

保育者が気づいてほしいことに強引に誘導しない

「かがく遊び」は、「もの」や「現象」との関わりの中で自分なりに様々なことに気づき、思考を通して「自分なりの理屈」を構築することを目指しています。

そのため探索中は、「保育者の過度な関わり」や「友達同士の関わりを誘導する」ような支援を控えるようにお願いしています。子どもは何かに気づいたり、何かよい考えが浮かんだとき、それを保育者や友達とい

った「他者」に伝える様子や、探索や思考に行き詰まったときに相談したそうにする姿が見られます。その際は、「子どもたちの探索を見守る（＝よく観察する）」こと、さらに子どもの「気づき」や「思考」の状況に応じて「言葉かけ」をしたり、一緒に「かがく遊び」をしながら共感する関わりが大切です。

(※参考文献は巻末のP.95を参照してください。)

かさ (体積) 遊び

知的な気づき

同じ形の立体でも
かさ (体積) が異なると、
容器に入った
スライムのあふれ方が
異なることについて
体験を通して気づく。

液体のあふれ方の違いから感じとる
「かさ」の不思議

　「かさ (体積)」は、物体が空間に占める「幅」を示し、一般的には「大きさ」とも呼ばれている物質がもつ量の1つです。例えば、水がいっぱいに入ったコップに消しゴムを入れると、消しゴムの「かさ」の分だけ水があふれてしまうことからもわかるように、どんな物質でも必ず「かさ」をもっています。

　今回の「かさ遊び」では、スライムがいっぱいに入ったカップに立体を入れると、スライムがあふれ出す遊びを通して、「かさ」を感じとる機会を提供します。3歳児から「かさ遊び」をおこなうことで、「かさ」という抽象的な対象に少しずつ親しみやおもしろさを感じるようになります。

　このような探索活動を積み重ねることで、小学3年理科の「ものの体積と重さ」、小学4年算数科の「立体図形」、小学5年算数科の「体積」の学習に対して実感をもって学ぶようになるでしょう。

互いに性質の異なる
教材配置

スライムがたくさんあふれるもの

スライムがあまりあふれないもの

教材の作り方

準備するもの

色つきのスライム

- -

棒つきの立体

発泡スチロールの立体
（それぞれ大小を用意する）：
球・円すい・立方体・直方体
割りばし　4膳（割って、8本にして使用）
接着剤
カラーテープ

- -

容器

スライムを入れる透明カップ　2つ
面ファスナー
接着剤
受け皿

作り方

❶ 発泡スチロールの立体に割った割りばし
を刺し、持ち手の部分がすべらないよう
にカラーテープを貼ります。

❷ 割りばしに刺した発泡スチロールが取れ
ないように接着剤でしっかり固定します。

❸ 受け皿と透明カップに面ファスナーを貼
り、透明カップと受け皿が動かないよう
に固定します。

工夫点

　カップに入れるものは、あふれても自分の
手で戻して何度も探索でき、また、あふれる
様子をゆっくり見ることができるよう、水
ではなくスライムにしました。ただし、粘度
が高いとあふれにくくなるため、粘度の低い
スライムを選びました。

　発泡スチロールの立体を容器に入れたとき
に、あふれた量が視覚的にわかるように色つ
きのスライムを用意しました。

　スライムを入れたカップが実験中に倒れな
いように、受け皿とカップに面ファスナーを
貼り、固定しました。

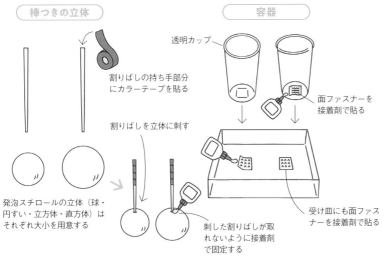

棒つきの立体

割りばしの持ち手部分
にカラーテープを貼る

割りばしを立体に刺す

発泡スチロールの立体（球・
円すい・立方体・直方体）は
それぞれ大小を用意する

刺した割りばしが取
れないように接着剤
で固定する

容器

透明カップ

面ファスナーを
接着剤で貼る

受け皿にも面ファス
ナーを接着剤で貼る

ここに
注目

「かさ遊び」においては、「球」「円すい」「立方体」「直方体」
の4つの形状の立体を大小1つずつ用意し、立体の形状に関係
なく大きい立体を入れるとたくさんあふれることを探索できる
ようにしました。また、スライムを使用することにより、カッ

プからあふれる様子をじっくりと観察できるようにしました。
このような教材配置により、3歳児は、形状は同じでも立体の
体積の違いによるスライムのあふれ方を比較しながら、「体積」
という抽象的な対象に、徐々に興味をもつようになります。

「かさ（体積）遊び」の 探索の様子

\ 探索をはじめる前に…… /

先生が
プールに入ると
どうなるかな？

水がいっぱい
あふれてきた！

探索をはじめる前に、水をいっぱいに張ったビニールプールを用意し、子どもたちに「先生がプールに入るとどうなる？」と問いかけました。子どもたちは、「水があふれる」「水がこぼれる」などと答えていました。ふだんから風呂やプールに入るときに、水があふれた経験をもっているようでした。

残った
量が違う！

大小の立体をそれぞれ同時にスライムに入れてみる

同じ形で大きさの違う発泡スチロールの立体を両手に持ち、スライムのいっぱい入ったカップに同時に入れていきました。大きいほうの立体を入れたカップからたくさんスライムがあふれるのに、小さいほうの立体を入れてもスライムがあふれませんでした。何度も試しても同じ結果になることに気づいた子どももいました。

ここに
注目

「かさ遊び」における子どもたちの探索行動で興味深かった第1の点は、カップいっぱいに入っていたスライムが、立体を入れることで「あふれる」という現象を楽しんでいた点です。3歳児であっても、「変化」を感じとるという「科学」においてももっとも重要なスキルの1つが育っていたと考えられます。
さらに興味深かった第2の点は、大小2つの球を、同時にスライムに入れた際、「こっち（の立体）は小さいからあまり出ない、こっち（の立体）は形が大きいからあふれる」と発話していた

り、「小さいほうは（スライムが）出えへん」と発話したりしていたことです。これらの発話は、探索を通して、①「もの」や「現象」の変化を捉え　②2つの変化を「比較」した結果、と考えられます。3歳児ではスライムのあふれ方が異なった理由を説明することはむずかしくても、「変化」を捉えると同時に「比較」をおこなうという科学的なスキルが育っていたことがうかがえます。

ぎゅーっと
押し込んだら？

どうすれば
小さい立体でもあふれる
ようになるかを考える

子どもたちは、大小それぞれの立方体
をカップに入れて、スライムのあふれ
る量の違いに気づきました。なぜ小さ
い立方体を入れるとあふれないのかを
確かめるために、小さい立方体を力を
入れて奥まで押し込んだり、上下に激
しく動かしたりしていました。

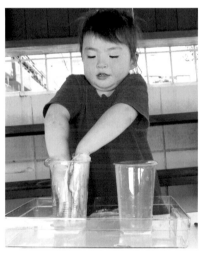

手を入れてもスライムが
あふれるか確かめる

発泡スチロールの立体を何度もカップに入れて
探索していくうちに、カップに手を入れてみる
子どもも出てきました。手を奥に入れたり、両
手を入れたりして、どうすればスライムがもっ
と出るのか試していました。また、「大きい立
体ほどあふれる」という科学的に正しい考え方
に至らなくても、「（たくさんスライムがこぼれ
たのは）いっぱい力を入れたから」といった自
分なりの理屈で説明する子どももいました。

園での「かがく遊び」体験と家庭での体験とをつなぐ

　今回の探索では、保育者がはじめにビニールプール
に入り、「ものが水に入ると、水があふれる」ことを
例示しました。これは、「かさ（体積）遊び」が入浴
など日常体験にもつながればという思いがあったから
です。

　「かがく遊び」では、子どもが探索をはじめる前に「投
げかけ」をします。これは、「導入」にあたるもので、
子どもに関わらせたい「もの」や「現象」を伝え、興
味をもってもらうためにおこないます。具体的には、
①「もの」や「現象」と出会わせる　②「考えさせる
ための問い」を伝える、の2段階でおこないます。①

は、テーマとなっている「もの」や「現象」を子ども
の眼の前に提示することです。②は、対象となる「も
の」や「現象」の性質・しくみに関連した問いをする
ことで、子どもたちを探索に導きます。このような「投
げかけ」をおこなうことで、子どもたちは自分の探索
をはじめ、身のまわりにたくさんある「もの」や「現
象」のうち、保育者が着目してほしいものに集中して、
探索しながら思考していくのです。

　園で「かさ遊び」を体験した子どもは、家庭のお風
呂でも、大人が入ったときと子どもが入ったときで水
のあふれ方に違いがあることに気づくでしょう。

（※参考文献は巻末の P.95 を参照してください。）

風遊び

目に見えない風がおよぼす力を
感じとることの不思議

　風は、物質である空気が動くことで発生します。「気体」という状態のため、肉眼で見ることができませんが、扇風機やうちわを使って風を顔や体にあてるといった経験をしていく中で、4歳児になれば感覚的に風の存在がわかるようになってきます。

　今回紹介する「風遊び」は、目に見えない風にものがあたると、動いたり動かなかったりする現象から、風がものにおよぼす力の程度を感じとる機会を提供します。探索が進んでくると、次第に身のまわりのものに対しても、送風機から出る風の力で動くかどうかを確かめたくなる気持ちが芽生え、より探索が深まっていくでしょう。

　このような体験を積み重ねることによって、小学3年理科での「風の力」および中学1年理科での「力」、中学2年理科での「天気の変化」の学習において、風について実感を伴って楽しく学ぶことができるようになります。

互いに性質の異なる
教材配置

風の力で動くもの
●体操のボール　●ピンポン球　●風船

風の力で動かないもの
ぬいぐるみ　紙パック飲料（未開封）
ミニトマト

体操のボール　ぬいぐるみ　紙パック飲料（未開封）

ミニトマト　ピンポン球　風船

準備するもの

送風機（サーキュレーター）
体操用マット
ものを入れる用のかご

工夫点

　床上に直接ものを置くと、送風機から出る風がものにあたりにくかったため、床上に体操用マットを敷いてものの位置を高くすることで、風が直接あたるようにしました。

　子どもでも風の力だけで動く・動かないが明確にわかるものを準備するように配慮しました。

　子どもの混乱を避けるため、どんな置き方をしても風で「動く」または「動かない」が明確にわかるものを準備しました。

　子どもはこれまでの体験から、「球形のものは動く」という予想を立てると想定し、風の力で動かない意外なものとして、ほぼ球形で風に当たる面積が小さく、質量の大きい「ミニトマト」を準備しました。

　「風遊び」においても、送風機から出てくる風によって「動くもの」と「動かないもの」を意図的に配置します。このような互いに性質の異なる教材を配置することで、4歳児は送風機から出てくる風がおよぼす力の程度を感じとることができるのです。

「風遊び」の 探索の様子

「もの」に様々な方向から風をあててみる

ぬいぐるみが動かないことがわかると、様々な方向に置いて、動かないかどうかを試していました。

「もの」を風にあててみる

送風機の前にそれぞれのものを置き、ものが動くか動かないのか、調べる様子が見られました。また、風船やボール、ピンポン球などが風によって動くと、追いかけていました。

ミニトマトが動かない理由を考える

紙パック飲料やぬいぐるみについては、ほとんど探索しない子どももいました。ミニトマトは丸くても動かないため、何度も置き直したり、手で軽く押したりして無理やり転がそうとする姿が見られました。

動かない！

ここに注目

今回の探索では、4歳児のうち半数の子が、開始直後から送風機の前に教材を置き、動くか動かないかを探索したという事実から、目に見えない風の存在に気づいていることがうかがえました。また、風の存在に気づいていない4歳児は、最初は周囲の様子をうかがったり、何もせず立ちすくんだりしていましたが、まわりの友達の探索を見ながら、最終的にはほとんどの4歳児が風の力で動くものを使って遊んでいました。

このように目に見えない風は、幼児にとって「謎の存在」であり、遊びの対象とはなりにくいものです。しかし、目に見えなくても風が顔や手・足にふれることで、その存在やそれがものにおよぼす力の存在に気づき、探索の対象が目に見えないものにも広がっていきます。

オニごっこ！

2つ同時に
並べて……

2つの「もの」を同時に風にあててみる

1つずつの探索を終えると、次第にいくつかのものを組み合わせて、風にあててみる姿も見られました。ボールと風船を送風機の前に置くと同時に手をはなし、「オニごっこ！」と言いながら遊ぶ姿がありました。

紙パックの上に
ピンポン球とミニトマトを
置いたら…？

風にあてて動くものと動かないものを組み合わせて試してみる

風によくあたるように紙パックの上に風で動くピンポン球と、風で動かないミニトマトを並置して、どうなるか試す様子も見られました。ピンポン球だけがミニトマトをよけて転がっていき、ミニトマトだけが紙パックの上に残った様子を見て、ミニトマトをどうやったら動かせるのか、何度も置き直して調整する姿がありました。

子どもの気づきを価値づける

　4歳児は、探索による「気づき」や「自分の考え」を積極的に他者に「言葉」で伝えようとする姿が見られるようになります。「気づき」や「自分の考え」を他者と共有する背景には、「自分で見つけた」「自分で考えた」という自信や、その感動を他者と分かち合いたい気持ちがあると考えます。保育者は、そのような気持ちになっている子どもに対して、「本当だ、動かないね！」などと、一緒に驚いたり感動したりしながら、幼児が自分で見つけたり考えたりしたことに対して「価値づけする」ことが大切です。

　このような価値づけにより、子どもはさらに意欲的に探索をおこない、発見したり思考したりすることにおもしろさを感じていきます。

（※参考文献は巻末のP.95を参照してください。）

重さ比べ遊び

知的な気づき

物体は、
その個数が増えると
質量が大きくなること、
さらに、同じ体積でも、
物体の種類によって
質量が異なることに
体験を通して気づく。

目に見えないが、
ふれると感じる重さの不思議

「質量」は、物質そのものがもつ量です。このため「質量」があれば、必ずそこに物質があります。「質量」は目に見えませんが、手でものを持つことによって「量感」で捉えることができます。

今回の「重さ比べ遊び」では、物質が１つの場合と複数ある場合との質量の違いや、体積を同じにした様々なもの同士を「量感」で比べるという遊びを通して、「質量」を感じとる機会を提供します。

このような探索活動を積み重ねることで、４歳児以降、身のまわりのものの「質量」に興味をもって自ら関わっていくようになります。さらに、小学３年算数科の「重さの単位」、小学３年理科の「ものと重さ」の単元の学習に対して、実感をもって学ぶようになるでしょう。

互いに性質の異なる
教材配置

数が多いと質量が大きくなりやすいもの
●ビー玉 ●ドングリ ●ポップコーン豆

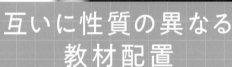

| ビー玉 | ドングリ | ポップコーン豆 |

数が増えても質量が大きくなりにくいもの
ポップコーン　ティッシュ　発泡スチロール片

| ポップコーン | ティッシュ | 発泡スチロール片 |

教材の作り方

準備するもの

ふたつきの密閉容器　6つ

ケース（それぞれの素材を入れる）6つ

スプーン（ケースから素材を密閉容器に移すときに使います）

工夫点

同じトウモロコシの種子ですが、ポップコーン豆と弾けさせたポップコーンを用意することで、調理すると量感が変化することを感じとれるようにしました。

ビー玉と発泡スチロール片のように、色や形は似ているが質量の異なるものを用意しました。

保育者が最初から容器いっぱいに入れた素材を用意して渡すのではなく、子どもたちが実際に素材をスプーンや手を使って密閉容器に移すことで、素材の質感を感じながら探索できるようにしました。

「重さ比べ遊び」では、手で質量を感じとれるほどの密度の物質としてビー玉・ドングリ・ポップコーン豆を、手で質量を感じとりにくい密度の物質としてティッシュ・ポップコーン・発泡スチロール片を準備し、それぞれ1個（枚）と複数個（枚）とで質量の感じ方がどう異なるのか、さらに、同じ体積でも、物質の種類によって質量がどのように異なるのかを体験できるようにしました。このような教材配置により、4歳児は身近な生活の中にあるものの「質量」の存在に関心をもつようになると同時に、質量が比較できる量であることに興味をもつようにしました。

「重さ比べ遊び」の 探索の様子

こっちのほうが
重そう

いっぱいの
ほうが重い！

両手に持って「重さ」を比べてみる

それぞれの素材の1個分と複数個分のどちらが重いのかを、両手を使って探索していきました。ビー玉・ドングリ・ポップコーン豆といった数が多いと質量が大きくなりやすいものに対しては、「こっちが重い！」とすぐに感じとって話す様子が見られました。スプーンで素材を移す中で「こっちが重そう」と予想する姿もありました。

どっちも軽い！

1つのほうが
重いような……

量が増えても「重さ」の差が感じとれない！

ビー玉・ドングリなど、量が増えるにつれて重たくなるものに対して、ポップコーン・発泡スチロール片・ティッシュは、量が増えてもあまり重さの差を感じとれません。「どっちのほうが重い？」と聞く保育者に対して、「どっちも軽い！」と話す子や、「引き分け」「1つのほうが重い」と伝える子もいました。

ここに注目

今回の「重さ比べ遊び」での子どもたちの探索行動で興味深かった第1の点は、どの4歳児も、ビー玉・ドングリ・ポップコーン豆の質量は、「1個分よりも複数個分のほうが重いこと」を感じとっていた点です。これは、保育者が準備した物的環境により、「質量」という目に見えない存在を手の「量感」で捉えただけでなく、ものの個数と質量に相関があるという関係に気づいていたと考えられます。
さらに興味深かった第2の点は、ポップコーン・ティッシュ・発泡スチロール片について、「（1個〔枚〕分と複数個〔枚〕分が）同じ重さ」と言った子や、「複数個〔枚〕分のほうが1個〔枚〕分よりも軽い」と感じとった子がいた点です。ポップコーン・ティッシュ・発泡スチロール片は、ビー玉・ドングリ・ポップコーン豆に比べて軽いため、量の差が相当大きくない限り、手の感覚ではあまり重さの差が出ないことを、子どもは正確に感じとれていたと考えられます。このように「重さ比べ遊び」で子どもたちは、ものの個数と質量との間に相関関係があることに気づいていました。これは、中学1年理科で学ぶ「同じ体積でも物質の種類によって質量が異なる」という「密度」の関係に気づく前段階の体験をしていたと考えられます。

重いグループの
順番はこう！

「同じ量で異なるもの」同士を比べてみる

今度は、2種類のものをそれぞれ容器にいっぱい入れ、比べていました。何回か比べてみたあとで重い順に並べるように伝えたところ、比較したときの感覚だけで「重いグループ」「軽いグループ」に分けてから探索する子ども、同じ「軽い」と感じたものでも、「軽い」「めっちゃ軽い」「軽すぎる」と表現を使い分けて伝える子どもなど、様々に思考する姿が見られました。

軽いグループの
並びもできた！

子どもなりの理屈は正しさよりも子どもが組み立てたことをほめる

　ある子が、ポップコーンの1個と複数個の質量を比較した際に、「1個のほうが重い」と答えたときでも、保育者は子どもの考え方に共感していたのがとてもよい関わりだと感じました。

　「かがく遊び」では、保育者が直接教えなくても、子どもが自力で気づいたり、自分なりの理屈を組み立てられるような物的環境を構成しています。子どもが組み立てた理屈の中には、「科学的には誤ったもの」が出てくることもあります。

　ここで大切なのは、大人がすぐに子どもが構築した「自分なりの理屈」を訂正しないことです。「かがく遊び」では、科学的な正誤よりも大人の力を借りず「自分1人で考えることができた経験」を大切にしているからです。科学的な正誤にこだわるのは、学校の理科で実験や推論の方法を学んでからでも遅くはありません。乳幼児期は、自分で考えたことに自信をもち、考えることを楽しめるよう、保育者は、子どもが「気づいたこと」「考えたこと」について、まずは子どもの考えを否定せずに「価値づける」ことが大切です。

（※参考文献は巻末の P.95 を参照してください。）

もの の 溶け方（溶解）遊び

知的な気づき

水に溶かすもの（溶質）の
種類の違いによって、
水への溶け方が
異なることに
体験を通して気づく。

ものを水に入れると
消えてなくなることの不思議

　理科における「溶ける（＝溶解）」とは、もの（固体）が水（液体）によって、目に見えないほどの小さな「粒」にまで分解されて水中に漂っている、換言すれば、ものを水に入れることによってその形が崩れて見えなくなる現象のことをいいます。

　今回紹介する「ものの溶け方（溶解）遊び」は、ものの種類によって、水に入れたときにその形が変化するものとしないものがあることに気づく機会を提供します。水に入れると、元の形がなくなって見えなくなるものと、いくら混ぜても元の形のままのものとの比較を通じて、「溶解」現象に「おもしろさ」や「不思議さ」を感じる気持ちが芽生えます。

　身のまわりのものに対しても、溶けるかどうかを確かめたくなる気持ちが芽生えることで、探索が深まっていきます。このような体験を積み重ねることによって、小学5年理科および中学1年理科での「ものの溶け方」の学習において、実感を伴って楽しく学ぶことができるでしょう。

互いに性質の異なる
教材配置

水に 溶けるもの	水に 溶けないもの	
●ラムネ	ゴマ	天かす
●角砂糖 ●わた菓子	麩菓子	

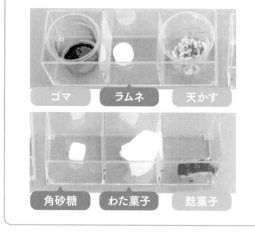

ゴマ　　ラムネ　　天かす

角砂糖　　わた菓子　　麩菓子

準備するもの

透明プラスチックコップ（水を入れる用の250mLのものを6つ／天かすとゴマを入れる用の25mLのものを2つ）

溶かすものを入れておくプラスチックケース

500mLのペットボトル（水を入れておく）

マドラー

ものの写真とものの名前を記したラミネートカード

工夫点

子どもにとって身近なものを準備することによって、親しみをもって遊べるようにしました。

溶かすものは、水に入れたあとに子どもが見ても変化の様子がはっきりわかるものを、予備実験で確かめてから選びました。

子どもが興味をもった素材を何度も探索できるように、予備の素材を用意しました。

4歳児の手の大きさに合わせ、マドラーおよびコップは意図的に小さいものを選びました。

探索の途中で「振り返りの時間」を意図的に設け、ほかの友達の気づきを共有することで探究心をさらに向上させるよう努めました。

何を溶かしたかをわかるようにするため、「もの」の写真と名前を記したラミネートカードを机上に設置し、その上に実験後のコップを置くように伝えました。

「ものの溶け方（溶解）遊び」においても、「水に溶けるもの」と「水に溶けないもの」を意図的に配置します。このような互いに性質の異なる教材を配置することで、4歳児はもの（固体）の種類によって、水（液体）に入れるとその「形状が変化するもの（＝子どもにとって"溶ける"）」と「形状が変化しないもの（＝子どもにとっての"溶けない"）」があることに気づき、「溶解」という現象の存在を感じとることができるのです。

「ものの溶け方（溶解）遊び」の 探索の様子

水にものを入れてみる

子どもは、水にものを混ぜることによって、「（麩菓子を入れたら）水の色が茶色になった！」「（ラムネを入れたら）にごった色になった！」などの変化に気づいていました。また、丸いラムネは形が小さくなるだけですが、角砂糖は溶けるときに角が削れて形が変化することに気づく子どももいました。

ラムネが
シュワシュワしている

水に入れたらあっという間にわた菓子が溶けてしまいました。「あれ？ わた菓子どこいった？ 消えた！」という発言が見られました。

ふにゃふにゃになった！

溶けないものについても溶かしてみる

水に溶けない麩菓子や天かすについては、「小さくなった！」「ふにゃふにゃしてる！」など形態の変化に気づいていました。また、ゴマは沈まなかったこと、形が変化しなかったことを発見した子どももいました。

ここに
注目

4歳児は、水（液体）に溶けるもの（固体）を入れると形が変化し、最終的には目に見えなくなることや、もの（固体）の種類によっては水溶液が有色になることに気づいていました。探索が進んでくると、①「ゆっくり混ぜる」「混ぜずにそのままにする」など混ぜ方を変える　②手指やマドラーでものをつぶ　して小さくしてみるなど、「条件」を変えて探索する幼児も出てきました。このように4歳児になると、生活科や理科で児童がおこなっているような科学的な探索の芽生えが見られるようになります。

溶かすために
自分なりに
工夫してみる

子どもたちは、溶けないものを「混ぜる」だけでなく、手指やマドラーでつぶしたり、混ぜずにただ水に入れたりして観察していました。

天かす
×
ゴマ

麩菓子
×
ラムネ

２つの「もの」を
一緒に混ぜてみる

水に溶けるか溶けないかを試していく過程で、「２つのものを混ぜるとどうなるのかな」というつぶやきが起こり、それが新たな探索につながりました。

教材研究と予備実験により探索の質を向上させる

「かがく遊び」では、「物的環境」をどれほど深く考えて設定するかで、子どもの探索の充実度が変わってきます。保育者は、「ものの溶け方（溶解）遊び」を構成する際、事前に100円ショップやスーパーマーケットで教材になりそうなものを探し、数種類の砂糖やラムネ・わた菓子といった「水に溶けるもの」だけでなく、ゴマ・麩菓子・天かすなど大人なら「水に溶けない」とわかっているものも実際に確かめていました。

このように事前に「溶けるもの」および「溶けないもの」として何を選択するべきかを思案したり（＝教材研究）、実践をする前に何度も保育者自身で確かめたり（＝予備実験）することにより、「子どもの探索」をより充実したものにするだけでなく、保育者にも「もの」や「現象」の性質やしくみについて深く知り、楽しむ機会をもたらしてくれます。

（※参考文献は巻末の P.95 を参照してください。）

光と影遊び

知的な気づき

紙の切り抜き方によって、
影ができるところと
影ができないところが
あることに、
体験を通して気づく。

紙の形により影の形が
変わることの不思議

　光は、明るいところであれば目に入ってきますが、「もの」でないため実感がありません。また、光が物体に遮られることでできる影は、黒いので見えますが、「もの」でないため子どもにとっては不思議な存在です。

　今回紹介する「光と影遊び」は、丸や三角に切り抜いた紙に光をあててできる影を観察することで、紙の形と影の形との関係を考える機会を提供します。「光と影遊び」を体験することにより、影絵遊びをするときなどに、「自分の思った影をつくるためには、どのように紙を切ればよいのか」と、思考するようになっていきます。

　このような体験を重ねることで、小学3年理科および中学1年理科での「光の性質」の学習について、実感を伴って楽しく学ぶことができるでしょう。

互いに性質の異なる
教材配置

切り紙（＝光が遮られて影ができる）

型抜き紙
（＝光が遮られずに通過するため、影ができない）

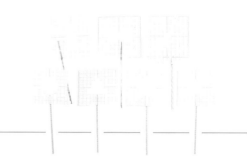

教材の作り方

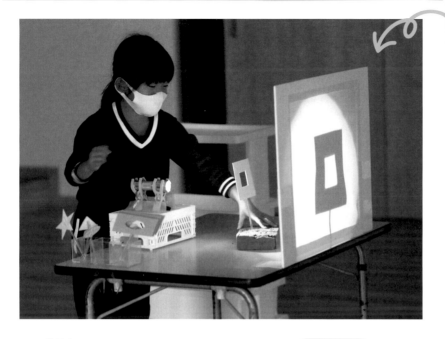

準備するもの

スクリーン＆光源

障子紙（たて35×横40cm）
板状の発泡スチロール
（たて45×横60cm）
ブックスタンド
透明テープ　　養生テープ
かご　　懐中電灯
洗濯ばさみ　2個

- -

光をあてるスティック

厚紙　　セロハンテープ　　透明の棒
吸水スポンジ（生け花などで使うもの）

暗幕（部屋を暗くするため）

作り方

スクリーン

① 発泡スチロールの真ん中を四角に切り抜き、障子紙を透明テープで貼ります。

② 立つように①にブックスタンドを養生テープで貼り、固定します。

光源

① 懐中電灯を洗濯ばさみではさみ、逆さにしたかごに養生テープで固定し、障子紙に光があたるようにします。

② ①を養生テープで机に固定します。

切り紙と型抜き紙スティック

① 厚紙で図形や動物を切り抜き、「切り紙」と「型抜き紙」の2種を作ります。

② それぞれに透明の棒をセロハンテープで貼りつけます。

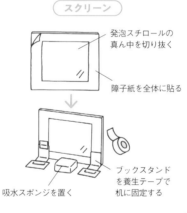

> スクリーン
> 発泡スチロールの真ん中を切り抜く
> 障子紙を全体に貼る
> 吸水スポンジを置く
> ブックスタンドを養生テープで机に固定する

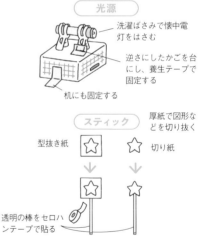

> 光源
> 洗濯ばさみで懐中電灯をはさむ
> 逆さにしたかごを台にし、養生テープで固定する
> 机にも固定する
>
> スティック
> 厚紙で図形などを切り抜く
> 型抜き紙　　切り紙
> 透明の棒をセロハンテープで貼る

工夫点

　スクリーンと光源とスティックを刺した吸水スポンジがすべて動くようにすると、影の大きさが変化した要因かわからなくなるため、スクリーンと光源を固定し、吸水スポンジだけが動くようにしました。

　子ども同士を斜め前で向き合うように配置することで、子ども同士の探索の様子やスクリーン上に投影された影を裏から見ることができるようにしました。

ここに
注目

　光と影遊びでは、光が遮られて影ができる「切り紙」と光が遮られずに通過していく「型抜き紙」を意図的に配置します。このような互いに性質の異なる教材を配置することで、5歳児は切り紙と型抜き紙に光をあてることによる影のでき方を比較します。そして、紙の切り抜き方によってどのような影ができるかに気づき、光と影の存在をより意識するようになるのです。

「光と影遊び」の 探索の様子

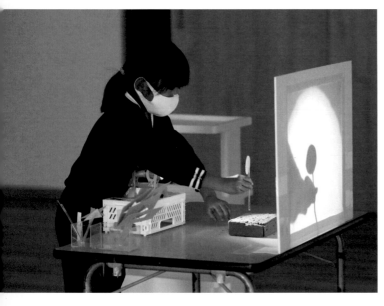

吸水スポンジを動かして 影のでき方の違いを見てみる

スティックを刺す吸水スポンジごと動かしたら、影がどう変わるのかを試す姿が見られました。吸水スポンジを光源に近づけると、投影された光が大きくなることを発見したり、（光源に近づけると）動物の影がぼやけることに気づいた子どももいました。ほかにも、吸水スポンジを持ちあげ逆さにしながら、影を観察する姿が見られました。

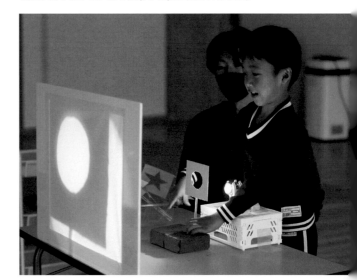

1つずつ光にあててみる

「まずは1つずつ切り紙や型抜き紙に光をあてて、どんな影ができるか見てね」と子どもたちに伝えてから、図形のスティックを8種類わたしました。子どもたちは1つずつ図形スティックを吸水スポンジに立て、どのような影ができるのか観察をしていきます。図形のスティックでの探索が終わったあとに動物のスティックをわたすと、同じように吸水スポンジに立てていました。

光をあてる角度を 変えてみる

光源に対してスティックを斜めに立て、影の形がどう変化するのかを確認する子どももいました。ほかにも吸水スポンジごと横に倒したり、吸水スポンジをクルクルと回転させたりしながら、影の動きがどのように変わるのかを探索する子どももいました。

ここに注目

　5歳児は、保育者が意図した通り切り紙と型抜き紙に光をあててできる影の形の違いを探索した一方で、吸水スポンジを前後に動かしたり、向きを変えたり回転させたりと、保育者が意図していなかった探索行動もしていました。また、これらの探索から切り紙や型抜き紙の形と影の形の関係がわかると、これら を組み合わせてスクリーン上に電車や家の形の影ができるようにするなど「見立て遊び」へと発展していきました。このように5歳児は、「かがく遊び」で気づいた「もの」や「現象」の性質・しくみをほかの遊びにも適用していくようになります。

電車の窓の形が
どんどん変わっていく！

探索から見立て遊びへ

ある子どもは、探索の過程において、見立て遊びをはじめました。星形と丸形を組み合わせて「太陽みたい！」、型抜き紙の上から切り紙を重ねて「電車の窓の形がどんどん変わる」などと、様々なものに見立てて、形の変化を楽しんでいました。ほかにも、図形や動物のスティックを組み合わせて物語をつくる子どもや、動物を並べて「ブレーメンの音楽隊みたい！」と話す子どもや、切り紙と型抜き紙を重ねて、パズルみたいに遊ぶ子どももいました。

夜からお昼になったよ！
太陽みたい！

パズルみたいに
ピタッとなるかな？

キリンとイヌの
おうちだよ

最初の「投げかけ」で探索がはじまる

　かがく遊びの過程において、子どもを思考へと導くためには、探索に入る前の「投げかけ」が重要になってきます。保育者がおこなう「投げかけ」とは、①「もの」や「現象」（準備した教材）を見せる　②思考を促す問いかけをする、の2つです。

　「光と影遊び」をおこなった1つ目のグループは、保育者が「1つずつ切り紙や型抜き紙に光をあてて、どんな影ができるか見てね」という問いかけをせずに探索をスタートさせました。この結果、ほとんどの5歳児は、スティックの形とできた影の形を比較することなく、吸水スポンジに一度にたくさんのスティックを刺して光にあて、すぐに「見立て遊び」へと移行してしまいました。

　しかし、「投げかけ」をおこなった2つ目のグループでは、スティックがつくる影を1つ1つじっくりと見ながら探索を深めることができました。このような「投げかけ」をおこなうことで、見立て遊びに移行したあとの表現を広げることにもつながります。

（※参考文献は巻末の P.96 を参照してください。）

「かがく遊び」をふだんの遊びに取り入れて

御幸幼稚園　主幹保育教諭・井本歩維

最初はコーナー保育の中に取り入れるところから

身のまわりにある「もの」や「現象」を使う「かがく遊び」だからこそ、ふだん遊びの中にもっと取り入れていきたいという思いがありました。そのために最初におこなったのは、コーナー遊びの中に「かがく遊び」を取り入れることです。しかし、コーナー遊びは、子どもが遊びを選択するもの。「かがく遊び」に興味をもたずに、ブロックやままごと遊びに取り組む子もおり、「かがく遊び」をあまり経験できない子もいました。

興味をもってもらうために自分の気づきを文字にするように

そこで、次におこなったのが「発見コーナー」づくりです。自分の発見や気づきを文字で書き出し、写真をつけて保育室に貼り出すようにしました。すると、それまでかがく遊びに興味を示さなかった子たちが、友達の発見をまねしてみようと、「かがく遊び」に取り組む姿が見られるように。自分も発見を書きたいという思いから、文字を書く意欲へもつながりました。

子どもがもっとも主体的に活動できる遊びになった

「かがく遊び」をふだんの保育に取り入れて遊ぶようになって起きた変化は、ほかにもあります。それは、子どもがどんどん主体的になっていったことです。かがくの図鑑を見ながら次はどの遊びをしようかと、子ども同士で決める姿が見られるようになりました。それに加え、必要な教材があれば、「ストローがいるからほしい」と保育者に伝えに来るように。教材が園にない場合は、保護者に「かがく遊び」で使いたいことを話し、家庭から道具を持ってきてくれる子もいました。遊びが家庭につながるきっかけにもなり、とてもよかったと感じています。

次第に子どもたちからの発信が増えていった

はじめは、保育者が楽しいと感じてはじめた「かがく遊び」でした。子どもたちが何度も遊んでいくうちに、5歳児になると準備から活動の内容まですべて子どもが主体となることができました。保育者が教えるのではなく、子どもが自由に遊びながら、自分の理屈で答えを出せるようになりました。かがく遊びは、子どもがもっとも主体的に活動できる遊びだと感じています。

立てかけるタイプの鏡を机に並べて、のぞき込む探索をおこなった様子を書いた「発見カード」。「鏡を向かい合わせに並べたら、みんなの顔が見えたこと」「鏡を2つつなげると、顔がどちらの顔にも現れたこと（かおが2こになりました）」が書かれています。

第3章

| 0歳児から5歳児までを一貫した |

「土遊び」プログラム

子どもたちと関わりの深い「土」を題材に

0歳児から5歳児までを一貫した視点で開発した「土遊び」を

年齢別に紹介します。4種類の土をどの年齢でも共通して扱うことで、

各年齢の子どもの思考の育ちの姿が段階的にわかります。

（注：写真に添えられている「吹き出し文」は、園の先生方の実践記録に基づき編集部が創作したものです。）

0～5歳の6年間を一貫した「土遊び」プログラムの重要性

0～5歳児まで同じ4種類の土を使った、6年一貫型の「かがく遊び」プログラムの重要性について述べます。

この章では、0～5歳の6年間を一貫した視点で構成した「土」を関わりの対象とする「かがく遊び」を紹介します。

このような連続性を重視した「土遊び」プログラムを提案する理由は、2つあります。1つ目は、このプログラムにより、「体験を通して得られる知識」や「思考のスキル」を6年間を通じて継続的に獲得できることです。

2つ目は、園のすべての子どもが、6年間の一貫性のある教育を受ける機会が得られると考えているからです。2006年10月に「認定こども園制度」が発

互いに性質の異なる4種類の土の特徴

土はその成り立ちによって、色・粒の大きさ・形などの見た目や粘り気といった性質が異なります。
このような土の性質の違いを使って、子どもに探索をおこなわせます。

珪砂（けいさ）	真砂土（まさど）（赤土）	腐葉土（ふようど）（黒土）	土粘土（つちねんど）
●砂場や砂時計などに使われています。 ●さわるとさらさらとしていて、粒の大きさが均一です。	●運動場などで見られます。 ●赤みを帯びていて、さわるとごつごつしています。	●畑や花壇などで見られます。 ●落ち葉などの有機物が混ざっており、さわるとフワフワしています。	●田んぼなどで見られます。 ●極めて微細な粒からなり、粘り気をもちます。 ●緻密（ちみつ）なため、同じ体積では一番重くなります。

← さらさらしている　　　　　　　　　　　　　　　粘り気がある →

足しましたが、その設置目的の１つに「幼稚園と保育所の制度の枠組みを超えて、小学校就学前の子どもに対し、幼児教育・保育を一体的に提供する」とあります。このことからも、これからの幼児教育は、あるテーマの遊びを６年間のスパンで構成する「遊びの連続性」を重視した「遊び」が大切になります。

今回の「土遊び」プログラムでは、１種類の土ではなく「珪砂」「真砂土」「腐葉土」「土粘土」の４種類の土を準備し、６年間を通じて同じ種類の土を使った遊びを考案しました。保育者が乳幼児に４種類の土を同時に与え、１種類ずつ遊ぶように導きま

す。その理由は、「『かがく遊び』の物的環境を構成するための４つのポイント（P.11参照）」でも述べた「互いに性質の異なる教材配置」の考え方に基づいて設置された４種類の土の性質を「比較」したり「分類」したりする過程を通して、乳幼児に思考させるためです。

また４種類を同時に与え、１種類ずつ土を探索させることで、乳幼児が土の種類による性質の違いに気づきやすくなると考えています。

土を「かがく遊び」のテーマにした理由

子どもたちに身近な素材である

園庭や公園など、土は子どもたちの身近な環境にある素材です。土を比較したり分類したりすることを通して、身近な土を「性質の違い」という視点から見ることができるようになり、遊びが深まります。

今後の6年一貫型プログラムについて

将来的には、この「土遊び」と同様に、例えば「空気」「磁石」「色水」といった、いろいろな関わりの対象について、０〜５歳児の発達段階に適した６年一貫型の「かがく遊び」プログラムを考案し、最終的にはカリキュラム化していく予定です。

0〜5歳の「土遊び」の概要

0〜5歳まで同じ4種類の土を使い、各年齢の発達に適した「土遊び」の概要について述べます。

前ページで紹介したように、0〜5歳児まで同じ4種類の土を使った6学年一貫の「土遊び」のプログラムを実践することにより、子どもたちは在園中にどの学年においても「土」と関わった探索をおこない、思考する機会を得ることが可能となります。

0・1歳児に対しては、土の誤食・誤飲を回避するため、4種類の土を袋や小さめのペットボトルに密閉した「非接触型」の教材を考案しました。この

6年一貫の「土遊び」プログラム

0歳児 袋を使った土遊び
→P.72

知的な気づき
土の種類によって、「土の触感」や袋の中での「土の動き方」に違いがある。

遊びの概要
4種類の土をそれぞれ袋に入れ「非接触型教材」とすることで、土の「感触」や「動き方」を探索させる遊びです。

1歳児 容器を使った土遊び
→P.74

知的な気づき
土の種類によって、容器の中で振ったときの「音」の出方が異なる。

遊びの概要
4種類の土をそれぞれペットボトルの容器に入れ「非接触型教材」とすることで、容器を振って発生する音の違いを比較しながら探索させる遊びです。

2歳児 型抜きを使った土遊び
→P.76

知的な気づき
土の種類によって、土の粒同士のくっつき方（土の塊の作りやすさ）が異なる。

遊びの概要
4種類の土を型抜きして作った「土のプリン」を直接さわりながら、それぞれの土の性質の違いを探索させる遊びです。

ような工夫により、袋や容器に入った土を見たり、振ったり、間接的にさわったりすることで、土の性質を比較しながら探索することが可能となります。「非接触型」の「土遊び」とすることにより、0・1歳児においても、「視覚」「聴覚」「触覚」を通した4種類の土の性質の違いを感じとる体験が得られることは貴重です。0・1歳児に芽生えた興味や疑問が、2歳児以降、毎学年で「接触型」の「土遊び」の教材で探索することにより、さらに広がっていくと考えているからです。また、6学年すべてにおいて同じ「土」で探索させることで、子どもはこれまでよりも「土」について興味・関心をもつとともに、6年間を通して土を比較・分類することにより深く思考する力が身につきます。

　6年を一貫した「土遊び」プログラムの詳細については、次のページから具体的に紹介していきます。

③ 歳児　土の落下遊び →P.78

知的な気づき
土の種類によって、土が漏斗（ろうと）から落ちる様子が異なる。

遊びの概要
透明な漏斗を筒に差し込んで取りつけた教材の中を落下する土を観察しながら、土の落ち方の違いを「視覚」や「聴覚」で探索させる遊びです。

④ 歳児　土を使った お絵描き遊び →P.80

知的な気づき
土に絵を描く際、土の種類によって絵の描きやすさに違いがある。

遊びの概要
4種類の土をそれぞれ木製額縁の上に広げ、自由にさわらせたり、薄く敷かれた砂に指で「円」を描かせたりしながら、「土の感触の違い」と「絵の描きやすさ」との関係を探索させる遊びです。

⑤ 歳児　4種類の土を使った 泥団子遊び →P.82

知的な気づき
土で泥団子を作る際、土の種類によって泥団子の作りやすさに違いがある。

遊びの概要
4種類の土で「泥団子」を作りながら、「土の感触の違い」と「泥団子の作りやすさ」との関係を探索させる遊びです。

0歳児

袋を使った土遊び

4種類の土の違いを、主に視覚と触覚で感じとる機会を提供します。土に新たに興味をもち、自ら様々なことを感じとったり、気づいたりしていくでしょう。

知的な気づき

土の種類によって、「土の触感」や袋の中での「土の動き方」に違いがあることに体験を通して気づく。

教材の作り方

準備するもの

- 4種類の土
- チャックつきポリ袋
  （A4判・厚手）4枚
- 計量カップ（180mL）1個
- 幅広セロハンテープ

工夫点

- 土の量と袋の大きさは、0歳児が座った状態でも持ちあげられるようにしました。
- 袋はすぐに破けないように、厚手でチャックつきのものを選びました。
- 袋を上下逆さまにしたときに、土が落下しやすくするように袋の中に空気を入れておきました。

作り方

1. 4種類の土を、それぞれチャックつきポリ袋に計量カップ1杯分入れます（比較しやすいように、分量をそろえます）。
2. 空気を少しだけ残し、チャックをしっかりと閉めます。
3. 土が出ないように、幅広セロハンテープで口部分を止めます。

探索の様子

袋の外から土をさわってみる

4種類の土の入った袋を並べると、人差し指や手のひらを使って土の手ざわりの違いを感じとっていました。

袋の外から土を指でつまみながら感触を確かめていました。

袋の中の土を落とそうとする

なかなか落ちない土に関しては、座ったり、立ったり、体勢を変えながら土を落とそうとしていました。

土が落下する様子を楽しむ

探索しない子どもに対して、保育者が、土の入った袋を振ってみせました。すると声をあげて、自分でも手に持って振ろうとしていました。

袋を上下逆さまにして観察する

珪砂の袋を上下逆さまにして、砂が落ちていく様子をじっくり眺めていました。

探索行動の分析

変化を楽しみ、探索を深める0歳児

今回の「土遊び」の探索行動で特に興味深かった点は大きく2つあります。1つ目は、0歳児であっても袋を上下逆さまにしたり、振ったりしながら、4種類の土の落ち方を比べ、その中でも特に動きの大きかった珪砂の動きを、何度も何度も目で追いながら見ようとしていたことです。1歳ごろになると、興味の対象を自分の身体から外界の「もの」や「現象」に向けるようになります。今回の探索では、「もの」である土の動きを目で追いな

がら、土の落ち方の変化を楽しんでいたと考えられます。

そして2つ目は、指で4種類の土を「さわる」「押す」「振る」「握る」こと（＝手段）により、土の重さを感じとったり、土が袋の中で落ちていく様子の違いを見たりするといった探索行動（＝目的）が分化していた点です。1歳を越えると「手段」と「目的」を分離して考えられることから、これらの組み合わせを変えることで多くの探索行動が生み出せるのです。

（※参考文献は巻末のP.96を参照してください。）

容器を使った土遊び

1歳児

4種類の土を視覚だけでなく聴覚を使って探索することを通して、別の視点から土に対して興味をもっていきます。

知的な気づき

土の種類によって、容器の中で振ったときの「音」の出方が異なることに体験を通して気づく。

教材の作り方

準備するもの

- 4種類の土
- 乳酸菌飲料容器　4本
- ペットボトル（500mL）4本
- カプセルトイの空き容器　4個
- 計量カップ
- ビニールテープ
- 工作用接着剤（透明タイプ）
- セロハンテープ

工夫点

- 子どもたちの探索への興味を広げるため、3種類の容器に土を入れました。
- 土が動く様子を観察できるように、透明の容器を準備しました。
- 土粘土は塊状のため、すべて直径8mmほどの球に丸めて容器に入れました。

作り方

❶ 乳酸菌飲料容器・ペットボトルに4種類の土を20mLずつ計量カップで量って入れます。キャップをしっかりと閉め、土が出ないようにビニールテープで止めます。

❷ カプセルトイの容器にも4種類の土を20mLずつ入れ、穴をセロハンテープと接着剤でふさぎ、結合部はセロハンテープでとめます。

探索の様子

いろいろな容器を振ってみる

教材を子どもの前に並べると興味を示し、ひと通り手に取りました。いろいろな容器に入った土を振りながら、耳元で音の違いを感じたり、砂の落ちる様子を見ていました。

土の音を聞こうとする

粒が小さくて軽い珪砂と、粘度が高く振っても動きにくい土粘土は、ペットボトルに入れて振っても音があまり鳴らないため、不思議な顔をしていました。

土の音を聞き比べてみる

容器や土の種類により、教材を振ったときに出てくる音がどう違うのかを確かめていました。真砂土の入った容器や珪砂の入った容器を振りながら、気づいたことを話している子どももいました。

転がして探索してみる

カプセルトイの容器を振るだけでなく、机の上で転がして探索する子どももいました。

探索行動の分析

比較と予測をしながら探索する1歳児

　今回の探索行動で興味深かった点は、ある1歳児が4種類の土の入った容器すべてを手に持ち、振りながら「音」の違いを比べていたとき、土粘土の音がだんだんしなくなったことに対して「あれ？　鳴らない」と発話したことです。また、別の1歳児が真砂土の入ったカプセルトイの容器を振りながら「これ、聞こえる」と言い、一方で珪砂の入ったカプセルトイの容器では「これ、聞こえない」と言ったことです。

　1歳も月齢が高くなってくると、4種類の土の音を「比較」することができるようになります。さらに土粘土も音が出ると考えたのに実際は音が出なかったという主旨の発話から、「予測」する子どもがいたことがわかります。このように1歳児は、「比較」や「予測」という「思考のスキル」を使いながら探索をおこなうことができるのです。

（※参考文献は巻末の P.96 を参照してください。）

型抜きを使った土遊び

2歳児

2歳児からは土を手で直接さわり、その感触を楽しみながら「型抜きを使った土遊び」をしていきます。その過程において土の「粘度」の違いを感じとっていきます。

知的な気づき

土の種類によって、土の粒同士のくっつき方（土の塊の作りやすさ）が異なることに体験を通して気づく。

教材の作り方

準備するもの

● 4種類の土
● プリンカップ　4個　● ボウル　4個
● スプーン　● シリコンしゃもじ
● プリンカップを入れるケース

工夫点

● 土粘土は塊では扱いづらいため、事前にピンポン球くらいの大きさにちぎっておきました。
● 2歳児では、プリンカップに砂を入れて返すより、カップの上から砂を入れて押し寿司の要領でカップを抜くほうがやりやすいと考え、プリンカップの底をくり抜きました。
● 土が入っている様子が見えるよう、透明のカップを用意しました。
● 土をすくう道具は、握りやすく扱いやすいものを2種類用意し、子どもが選べるようにしました。

作り方

❶ プリンカップの底を、カッターで取り除きます。

❷ 子どもがケガをしないように、切った部分にヤスリをかけます。

❸ それぞれの土（土粘土を除く）の表面に水をかけて湿らせます。

探索の様子

土と十分に
ふれ合ってみる

型抜きによる土遊びをはじめる前に、袋の上からや直接土をさわる探索をおこないました。土の入った袋を何度もひっくり返しながら、土の動きを観察し、珪砂に対しては「さらさら〜」と、また真砂土は「硬いね」と表現していました。

4種類の土で
プリンを作ってみる

粘度の低い珪砂や真砂土は、型に入れただけでは、すぐに崩れてしまいました。

すぐに崩れちゃうね

さらさらの土（珪砂）でも
プリンをつくってみる

珪砂は少ししめらせると、感触が変わります。しめった珪砂の感触を手で感じているようでした。しめらせた珪砂をボウルで押さえつけて固めようとしていました。

2種類以上の土を
混ぜてみる

2種類以上の土を混ぜ合わせて型抜きする子どももいました。

探索行動の分析

いろいろな方法で4種類の土を探索する2歳児

　2歳児の「土遊び」における探索行動でまず興味深かった点は、型抜きをしながら4種類の土を手で握ったり、手のひらにのせて観察したりするなどして土の違いを感じとっていた点です。様々なアプローチで土を探索しようとしていたことがわかります。

　次に興味深かったのは、型抜き遊びで4種類すべての土を使って探索していた点です。2歳児にもなると、1つの対象だけでなく、複数の対象を比較しながら探索できるようになったことがわかります。

　このように、探索方法や探索の対象が1つに限定されることの多い1歳児に対して、2歳児ではそれらに広がりが出てきます。

（※参考文献は巻末のP.96を参照してください。）

土の落下遊び

4種類の土の性質の違いを、それぞれの土が落下していく様子を見たり、土が落下するときに発生する音を聞いたりすることで感じとっていきます。

知的な気づき

土の種類によって、土が漏斗（ろうと）から落ちる様子が異なることに体験を通して気づく。

教材の作り方

準備するもの

●4種類の土 ●パスタケース ●漏斗 ●結束バンド ●面ファスナー ●板 ●スコップ ●箱（土を入れるもの）●名前シール（土の種類を記入）各2枚 ●ビニールテープ（4色）●キリ

作り方

❶ パスタケースのふたに穴をあけて漏斗を差し、ふたの裏側から結束バンドで漏斗の根元を固定し、さらに上からビニールテープを貼ります。

❷ 面ファスナーをパスタケースの底と板に貼ってくっつけ、倒れないようにします。

❸ 4色のビニールテープをそれぞれ箱と板に貼り、上から名前シールを貼ります。

工夫点

●土が落ちる様子がよく見えるような透明で長い筒として、パスタケースを使うことにしました。

●土の種類がわかるように名前シールをつけ、土が混ざらないように板と箱に色テープをつけて視覚的に区別できるようにしました。

●漏斗はパスタケースのふたに固定し、子どもが土を入れ直したいときは、ふたをはずして再度試せるようにしました。

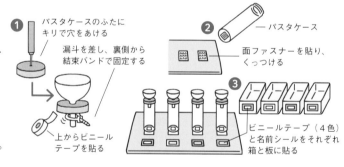

❶ パスタケースのふたにキリで穴をあける／漏斗を差し、裏側から結束バンドで固定する／上からビニールテープを貼る

❷ パスタケース／面ファスナーを貼り、くっつける

❸ ビニールテープ（4色）と名前シールをそれぞれ箱と板に貼る

探索の様子

土の落下の仕方を比べてみる

4種類の土にさわり、それぞれの感触を確かめた上で、漏斗を使って土を入れました。珪砂など落下しやすい土がある一方、落下しにくい腐葉土などに対して「なんで？」という言葉が出ていました。

＼トントンたたいて…／   ＼落ちた！／

漏斗に詰まった土を落とそうとする

真砂土は一気に入れると、詰まってしまうことがあるため、たたいて落とそうとする様子が見られました。

指で土の塊を小さくしてみたり

思考しながら土を落とそうとする

腐葉土や土粘土は、落下しにくいですが、探索過程で「小さくして入れればいい」と気づき、土の塊をくずしながら入れていました。

ギュッと押し込んでみたり

あ！出てきた！

探索行動の分析

科学的な思考のプロセスが芽生える3歳児

　3歳児の「土遊び」における探索行動において、まず興味深かった点は、4種類の土を漏斗に入れると落ちるものと、落ちないものがあることに気づいたことです。さらに、落ちない土に対して「なんで？」という言葉が出ていたことです。これは探索の過程で、「気づく→疑問に思う」という科学的な思考のプロセスの芽生えと考えることができます。

　また、次に興味深かったのは、「気づく→疑問に思う」に続いて「疑問を解決する」という行動が見られたことです。例えば、漏斗から落ちない土を「指で押す」「スコップでたたく」、土粘土は「小さく丸める」「細長くする」といった方法を試していました。このように3歳児にもなると、「気づく→疑問に思う」ことから、その「疑問を解決する」といった思考ができるようになってきます。

（※参考文献は巻末の P.96 を参照してください。）

（※参考文献は巻末の P.96 を参照してください。）

（※参考文献は巻末の P.96 を参照してください。）

土を使ったお絵描き遊び

4歳児

4種類の土の感触の違いに気づき、その気づきを「土でお絵描き」などの造形表現遊びに発展させることで、思考と表現の力が深まります。

知的な気づき

土に絵を描く際、土の種類によって絵の描きやすさに違いがあることに体験を通して気づく。

教材の作り方

準備するもの

- 4種類の土
- 木製額縁（6ツ切り）4枚
- 名前シール（土の種類を記入）各1枚
- 円を描いた紙　1枚
- 机
- 手洗い用バケツ

作り方

① 木製額縁に土の名前が書かれたシールを貼ります。

② ①の木製額縁の上に4種類の土をそれぞれに薄く載せます。

工夫点

- 土の上に指で描く図形の形を同じにすることで、土の性質の違いによる描きにくさに気づきやすくしました。
- 探索の途中で、友達と気づきを共有する「振り返りの時間」を設けました。4種類の土ごとにどんな丸が描けたかを振り返ったあとに、それを踏まえて遊ばせることで探索をより深めさせました。

探索の様子

「円」の描きやすさを比べてみる

それぞれの土がしきつめられたプレートに円を描きました。子どもたちは、珪砂では、円が描きやすいこと、反対に土粘土は描きにくいことに気づいていました。

描きやすい！

固くて描きづらい

いろいろな方法で探索してみる

子どもの中には、額縁をゆすって絵が消えることに気づく姿も見られました。また、土粘土に円を描く代わりに、団子を作ってつぶして円を作る子どももいました。

両手で
描いたら？

ゆすったら消える！

気づいたことを伝えようとする

どうやったら土粘土に円を描けるのか試していくうちに、指先を使って力を入れると描けると気づいた子どもがいました。そのことを伝えられた友達は、指先に力を入れて円を描いていました。

雪だるまみたい！

探索行動の分析

探索を通して得られた気づきを「表現遊び」に生かす4歳児

　今回の探索行動で興味深かった第1の点は、多くの子どもが、珪砂は4種類の土の中でももっとも「描きやすい」と発話し、大小様々な丸を描いていた点と、逆に「土粘土」は、「固い」と表現し、指に力を込めて描こうとしていた点です。4種類の土の感触を感じとらせることにより、「土の性質」と「絵の描きやすさ」を関連づけながら遊ぶことができたと考えられます。このような「関連づけ」の思考ができることにより、1つの遊びで得られた体験的な知識が、ほかの遊びに

も活用できるようになります。

　さらに興味深かった第2の点は、絵を描く前に4種類の土の感触を確かめたとき、珪砂は「さらさらの塊」、真砂土は「ザラザラ」または「かっちこち」、腐葉土は「ちょっとザラザラ」、土粘土は「土っぽい粘土」などと表現していた点です。4歳児になれば、「土の感触」を「擬態語」を用いて表現するスキルも育ってきていることがうかがえます。

（※参考文献は巻末のP.96を参照してください。）

5歳児 4種類の土を使った 泥団子遊び

土の感触の違いを「泥団子の作りやすさ」と関連づけて思考することを通して、それぞれの土の性質に適した泥団子作りができるようになります。

知的な気づき

土で泥団子を作る際、土の種類によって泥団子の作りやすさに違いがあることに、体験を通して気づく。

教材の作り方

準備するもの

- 4種類の土
- 土を入れるためのプラスチックのケース　4個
- 水を少しずつ加えるための試験管セット
- 水を入れるためのバケツ
- 手洗い用バケツ
- 泥団子の飾り台（4種類それぞれの土で作った泥団子と、様々な土を組み合わせて作った泥団子を飾るために用います）
- 名前シール（土の種類を記入）各2枚

工夫点

- ケースに名前シールを貼り、土の名前がわかるようにしました。
- 飾り台を用意し、それにも土の名前を書いたシールを貼ることで、どの種類の土で作った泥団子なのかがわかるようにしました。

探索の様子

それぞれの土に水を混ぜて泥団子を作ってみる

4種類の土を使って団子作りをしたあと、今度はそれぞれの土に水を入れて泥団子を作りました。探索過程において、珪砂や真砂土は水が多いと泥団子を作りにくいことや、土粘土は水を加えると表面に光沢が出ることに気づいていました。

さらさらの珪砂に水を入れて…

ドロドロしすぎて固めにくい

土の性質を考えながら工夫して泥団子を作ろうとする

泥団子がうまく作れない理由を、水を一度にたくさん入れすぎてしまったからだと気づいた子どもは、少しずつ水を入れていました。真砂土は、水でやわらかくなっても、外から乾いた土をかけると団子ができることを発見した子どももいました。ほかにも、粘り気の強い土粘土は、地面に転がすときれいな丸になると気づいた子どももいました。

\ 地面に転がすと きれいな丸になるよ /

\ 友達はどうやって 水を加えているのかな? /

飾り台

友達の泥団子とどう違うのかな?

話し合いながら泥団子を作ろうとする

それぞれの土で泥団子を作ったら、「振り返りの時間」において感想や出来栄え、作るときの工夫について話し合う時間を設定しました。ある子どもが、きれいにできている友達に「どうやったの?」と聞き、「水を入れてぎゅっとにぎる」などと教え合う姿がありました。

作った泥団子に土粘土をかぶせたり

珪砂をかけたり

みんなのスペシャル泥団子の完成!

探索行動の分析
....

他者の探索を「見る」ことを通して学ぶ5歳児

今回の子どもたちの探索行動で興味深かった第1の点は、多くの子どもが、4種類の土をさわりながら泥団子を作る過程において、「真砂土は水が多いと泥団子にならない」や「土粘土は水が多いと表面をツルツルにでき、水が少ないと固く作れる」と発話していた点です。心理学者のピアジェは、「石は硬い」や「氷は冷たい」といった、子どもが「もの」に働きかけることによって獲得できる知識を「物理的知識」と呼びましたが、まさに5歳児は4種類の土に関わりながら土に関する「物理的知識」を獲得していたといえます。

さらに興味深かった第2の点は、7人中4人が探索中に相手の探索行動を「ちらちら見る」行為をおこなっていたことです。この「ちらちら見る」行動には「探索中に生じた問題の解決のため」と「他者の探索行動に対して興味を抱いたため」の2つの要因があることが考えられます。5歳児は他者との「対話」から学ぶだけでなく、「無言」であっても他者の行動の観察を通して学ぶことができることがうかがえます。

(※参考文献は巻末の P.96 を参照してください。)

保護者への共有の仕方とその大切さ

さくらんぼ保育園　副園長・小井手瑞代

教材を子どもと一緒にさわってもらうことで保護者にも楽しさを伝えたい

　園での生活や保育の様子はおたよりやドキュメンテーションといった園内掲示など、様々な形で保護者に伝えています。しかし、活字や写真だけでは断片でしか伝えられず、こちらの思いを十分に理解してもらえないという懸念がありました。そこで「かがく遊び」の参加型保育参観をおこない、保護者の方に直接、子どもたちが夢中になる姿を見ていただくことにしました。保護者に「かがく遊び」にふれていただくことで、楽しさや魅力を感じてもらえたと思います。

空気遊び
磁石遊び
斜面遊び
②面素材違い
ひもの伸び縮み遊び
斜面遊び
①角度違い

「いたずら」ではなく、考える姿であることを伝えられたら

　「かがく遊び」は、身近にある遊びです。例えば、「空気清浄機の中に紙を入れる」「ほつれた糸を引っ張る」「ものを落とす」といった行動も、現象の違いを発見し、比べ、確かめている姿で、立派な「かがく遊び」です。しかし、いたずらと思われることも多くあります。保護者に、子どもの考える姿の読みとりの仕方、見守りの姿勢の大切さを伝えることが必要と考えています。子どもが「自分なりの理屈」を見つけるまでとことん「もの」に関わり、「現象」に向き合うことが重要です。そしてその体験が、今後の学びの土台になっていきます。

　保育者が遊びの意図を保護者に伝え、子どもを見守る眼差しを、家庭でも共有してもらえるように、伝えていくことが大切だと考えています。

1歳児の保育参観で準備した環境。子どもの真剣なまなざし、何かを発見したり不思議を感じたりしたときの表情、感じたことを伝えるしぐさや視線、何より、子どもの未知なる力「乳児も考える存在である」ことを感じてほしいと考え、部屋に様々な「かがく遊び」を設置しました。

保護者からの声

家でおもしろい遊びをしているなぁと思ったら、園でやっていることをまねしているんだと知りました。

親子そろって楽しませてもらいました。サーキュレーターでボールがくるくる回るのは私も知らなかったので、勉強になりました！

何度もくり返し遊び、自分でいろいろ考えて試して遊んでいることがわかりました。日々の中に「気づき」があり、それが成長にもつながっていることを実感しました。

家でもできる遊びに加えて、言葉かけや見守る視点を教えていただき、とてもためになりました。

型にはまったことをするのではなく、各々が頭を使って自分のしたいことをするというのが、我が子にすごく合っていると感じました。次は何をするのだろう、と親もワクワクできました。

第 **4** 章

園の子どもに適した

「かがく遊び」づくり

本書を読むだけでなく、自園の子どもの姿に適した

「かがく遊び」を実際につくって、実践してみましょう。

また、教材改善する上でのポイントを知るための

子どもの探索行動の読みとりの視点についても述べます。

（注：写真に添えられている「吹き出し文」は、園の先生方の実践記録に基づき編集部が創作したものです。）

子どもの興味の
ある「対象」から
テーマを選定し、
物的環境を構成しよう

「かがく遊び」づくりは、テーマを決めること
からはじまります。子どもが興味・関心をもつ
「もの」や「現象」からテーマを選択し、物的
環境を構成していきます。

「かがく遊び」をする際に保育者が最初におこな
うことは、「テーマの決定」です。保育者は、子ど
もたちがふだんおこなっている「自由遊び」の様子
を見ながら、どんな「もの」や「現象」に興味・関
心をもっているのかを把握し、その中から「かがく
遊び」のテーマを1つ決めます。

「かがく遊び」のテーマが決まったら、次にその
テーマに関連した「もの」や「現象」の「性質」や
「しくみ」について、子どもたちに気づいてほしい
ことを「知的な気づき」として1つ決めます。なお、
「知的な気づき」の内容は、理科の単元目標のように、
子ども全員に教えたり、理解をさせたりするような

子どもたちのふだんの遊びの様子から、
「かがく遊び」をつくる過程（例：0歳児の形遊び）

にぎってはなすという動作が上手になり、
板やペットボトルのふたで作った「ぽっ
とん落とし」（左写真）で遊ぶようにな
りました。型はめパズル（右写真）を渡

してみると同じように遊びますが、うま
く立体を入れられたとしても、形に着目
したためか、それ以外の要因なのかわか
らない場面がありました。

STEP 1
テーマの決定

既製品の形に関わるおもちゃで遊ぶ0歳児
に、もっと形と親しみ、興味を感じてほし
いという思いから、「かがく遊び」のテー
マを「形」に決定しました。

STEP 2
「知的な気づき」の設定

「知的な気づき」を「様々な形の立体を、様々
な形の穴にはめ込む探索を通して、ものそれぞ
れに様々な形があることに気づく」と決めまし
た。

ものではありません。

「知的な気づき」が決まったら、子どもが自力でそれに気づけるようにするため、「互いに性質の異なる教材配置」「教材の難度や数量の傾斜的配置」「1人1セットの教材配置」という視点で、物的環境を構成します。まずは比較・分類させるためにどのような「もの」や「現象を引き起こすもの」を準備すればいいのか考えていきます。100円ショップやホームセンターなどで購入したものをそのまま使用したり、それらを加工したりします。

教材の準備ができたら、実践する前日までに、実際に使用する教材と同じものを使って、必ず予備実験をおこないましょう。

その理由として、①準備した教材で探索しても危険性（例：誤飲・誤嚥、打撲、切り傷など）がないこと ②乳幼児がおこなっても保育者が設定した「知的な気づき」の通りに結果が出ること、を確認する必要があるからです。①の安全性についてはいうまでもありませんが、②のどんな子どもが探索しても「科学的に正しい結果」が出ることは、子どもが構築する「自分なりの理屈」を長い時間をかけて「科学的に正しい理屈」に変えていく上では大変重要です。

STEP**3**
物的環境の構成

100円ショップで購入したパスタケースのふたに「円形」「三角形」「四角形」の穴をあけ、立体が穴を通過するだけでなく、通過した立体が落下していく様子が見えるようにしました。子どもたちが自分で拾ってくり返し遊べるように下側には排水管をつけました。さ らに、子どもの背の高さに合わせて、ワイヤーネットと結束バンドで棚に設置しました。立体としては、ゴルフボール、一辺が3.5cmの立方体（薄くて丈夫な段ボールで作成）、一辺が5cmの三角すい（薄くて丈夫な段ボールで作成）を準備しました。

四角形の穴　円形の穴　三角形の穴

【形遊び教材】

工夫点
● 色の違いで興味が「形」からそれていかないように、排水管の色をカラースプレーで白く塗りました。
● 子どもたちが立ったときに、穴が上から見える高さの棚を選びました。
● 穴の大きさは、それぞれ同じ形の立体しか入らないように微調整しました。
● 穴の場所ではなく、穴の形で立体が通過できるかどうかを判断できるように、穴のあいているふたの部分は取り替えられるようにしました。
● 子どもの手が穴のフチで切れないよう、ビニールテープで保護しました。

これまでおこなってきた「かがく遊び」の例

関わりの対象が「もの」	● 砂鉄遊び　● 色水遊び　● てこ遊び ● 空気遊び　● 水車遊び　● 静電気遊び	
関わりの対象が「現象」	**理科分野** ● ものの溶け方（融解）遊び （融解＝ものそのものが溶けること） ● 光の反射遊び ● 弦を用いた音遊び	● 膜を用いた音遊び ● 磁力線遊び ● 衝突遊び ● 落下遊び	**算数分野** ● 重さ比べ遊び ● ものの切り口の形比べ遊び ● ものの長さ比べ遊び ● 面積遊び

子どもの
探索行動を
読みとる視点

「かがく遊び」では、物的・人的環境を再構成するための視点を得るために探索中の子どもの言動を読みとっていきます。

「かがく遊び」では、実践を重ねながら、その物的・人的環境を再構成して、さらによいものにしていきます。ここでは、物的・人的環境を再構成するポイントを抽出するために必要な子どもたちの探索行動の読みとりをおこなう上で、特に気をつけている視点を紹介します。

視点❶ 「もの」や「現象」へどのように関わるか

子どもにとってなじみの少ない「もの」や「現象」に対して、最初から自分で積極的に関わろうとするのか、それとも時間をかけて関わろうとするのかを観察します。

０歳児で実施した「形遊び」における探索の様子

＼入った！／

穴と立体の形が合うか試してみる

立体を手に持ち、穴に入れる探索がはじまりました。「１つの立体を手に持って、３つの穴に順々に入れようとする」「立体を選んで手に持ち、その形と同じ穴を見つけて入れようとする」「たまたま形が合って入った穴に、何度も試そうとする」など、様々な探索の姿が見られました。立方体や三角すいなどは、角度が違うと入らないので、立体を少しずらし、穴に合うようにして入れていました。

ボールを円形の穴以外の形の穴でも試してみる

ボールを持っていた子どもは、丸の穴にボールが入ることがわかると、持っていたもう１つのボールも同じ穴に入れていました。この子どもは、「ボールだったらどの形の穴にも入る」と考えたのか、パスタケースから出てきたボールを拾い、違う形の穴にも入れようとしていました。

＼あ！ ボールが入った！／

＼ここに入ったからもう１つのボールを…／

＼こっちの三角の穴には入らない／

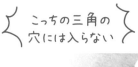

視点❷　体のどの部分を使って探索しているか

　子どもが、体のどの部分を使って探索するかを観察します。0・1歳児は、手だけでなく足や口など、体の様々な部分で探索し、年齢があがるにつれ、主に両手を使った探索に移行していきます。

視点❸　「1人」で探索するのか、「共同」の探索か

　子どもが、自分「1人」で探索しているのか、友達や保育者と「共同」で探索しているのかを観察します。「かがく遊び」では、「自分なりの理屈」を構築させるため、「1人」で探索することを重要視しています。

視点❹　「もの」や「現象」の性質やしくみに気づいたとき、どのような行動をとるのか

　子どもが「かがく遊び」の探索過程を経て、「もの」や「現象」の性質やしくみに気づいたとき、どのような言動の変化が見られるかを観察します。これまでの研究では、年齢によっても異なりますが、「しばらく探索が停止する」「独り言を発する」「表情が変化する」「黙って探索していたのに、急に友達や保育者に話しかけようとする」といった行動が見られます。

\ここに入るんだ／　　　\入れてみよう／

友達のまねをして穴に立体を入れてみる

友達が穴に立体を入れると、まねして友達と同じ穴に、持っている立体を入れようとしていました。

何とかして立体を入れてみようとしてみる

立体が入らないと、無理やり押し込もうとする姿がありました。立体がどうしても入らなかったときは、保育者に「入れて」と渡したり、パスタケースの下端から入れてみたりしていました。

> **ここに注目**
> 力任せに押し込んでいるうちに、「誤った穴と立体の組み合わせ」で立体が入ってしまった！
>
> 子どもたちが「立体を入れたい！」という気持ちで上から穴に押し込んでいるうちに、三角形の穴に球形のゴルフボールが入るなど、「誤った穴と立体の組み合わせ」をしたにもかかわらず、立体が穴を通過してしまいました。子どもたちが、通るはずのない立体を上から力まかせに穴に押し込み、穴の大きさや形が変形してしまったのが原因でした。

（※参考文献は巻末のP.96を参照してください。）

探索行動の
読みとりと
分析に基づいた
教材の改良・改善

探索行動の読みとりと分析によって
見い出された教材改善ポイントに従
って、教材を改良していきます。

実際に子どもに実践をしたら「かがく遊び」が完了するわけではありません。「かがく遊び」の実践において重要なのは実践だけでなく、保育者が準備した「教材」が、子どもが自力で「知的な気づき」を感じとる上で適切であったかどうかを検討し、必要に応じて改良・改善をしなければいけません。

このため「かがく遊び」における探索行動の読みとりを通して抽出したポイントを手がかりとして教材を改良・改善し、それを用いて再び実践をおこな

探索行動の分析から抽出された
問題点と教材改善のポイント

探索行動の分析から抽出された問題点は次の通りです。このような問題点を抽出することで、教材改善のポイントが明らかとなります。

三角形の穴にボールを押し込むと、穴を通って下に落ちてしまいました。予備実験段階において、穴の大きさを綿密に調整しましたが、四角形の穴に三角すいの立体が入ることもありました。

改良前

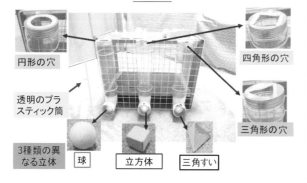

円形の穴

四角形の穴

透明のプラスティック筒

三角形の穴

3種類の異なる立体 　球　　立方体　　三角すい

改良後

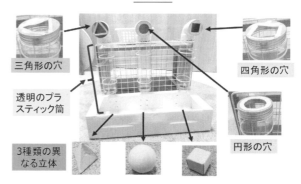

三角形の穴

四角形の穴

透明のプラスティック筒

円形の穴

3種類の異なる立体

〈抽出された問題点〉
● 上から体重をかけて立体を穴に押し込むことで、「穴と立体の形の誤った組み合わせ」により立体が穴を通過すること。
● 子どもたちが立ちながら探索するため目線が高くなり、パスタケースを通過する立体が見えにくいということ。
● ゴルフボールがパスタケースを通過後、遠くまで転がっていってしまい、探索がしばしば中断してしまうこと。

〈教材改善のポイント〉
● 立体が通過する穴を床と垂直に設置しました。
● 穴の位置を、座って探索できる高さにしました。
● 落ちてきたボールが転がっていかないように、ボールを受ける箱を設置しました。

います。

特に探索行動の読みとりでは、子どもたちが準備した「教材」をどのように操作し、その過程においてどんな問題に直面していたのかを読みとっていきます。

「形遊び」の場合、穴の形と立体の側面の形が同じにならないと、立体がパスタケースの中を通過しません。しかし、たまたま力を込めて押し込むと、立体が通過してしまったことにより、穴に無理やり立体を通すことをくり返す様子が見られました。

子どもたちの探索行動の読みとりに基づいた教材の改良・改善は、慣れてくるまでむずかしいかもしれません。しかし、子どもたちの「探索行動」を動画で記録し、何度も見ることで、改良・改善のポイントを見つけることがで大切です。あくまでも子どもの「探索行動」から改良・改善のポイントを導き出すことが重要です。

教材を改良したあとの探索の変化

◎力を込めて押し込むことが少なくなりました。
◎座りながらじっくりと探索でき、立体が筒の中を落ちる様子を見ることができるようになりました。
◎立体が入らないことに気づくと、無理やり押し込もうとせず、違う形の穴で挑戦していました。最初は場当たり的にはめ込む姿が見られ、立体が入る穴を見つけると「入った！」と喜び、その穴に同じ形の立体を入れる探索をくり返していました。
◎月齢の高い子どもが、「形遊び」をしている月齢の低い子どもに立体が入る場所を教えてあげる姿が見られました。

（※参考文献は巻末の P.96 を参照してください。）

「かがく遊び」の

保育案を つくろう！

「かがく遊び」において保育計画を立て、その具体的な流れを「保育案」として示すことは、実践前に子どもたちの言動に対して、保育者が適切な関わりをに想定する上で重要です。実践ごとに保育案を作成しておけば、自分がどのような考えで保育を計画したのか振り返ることによって、「保育案」をよりよいものとすることができます。さらに、作成した「保育案」をもってほかの保育者と議論することで、その「保育案」をよりブラッシュアップすることもできます。

乳児期の「形遊び」保育案

実施園名	さくらんぼ保育園　指案者名　谷口瑞希　印
実施日時	西暦　20○○年△月□日（×曜日）　10:00 -11:00AM
実施場所	さくらんぼ保育園　ひよこ保育室
対象児	0歳児（男児○名　女児△名　計9名）　ひよこ保育室
「かがく遊び」のテーマ	形遊び
思考のスキル	**観察** 三角すい・球・立方体といった「立体の形」や、三角形・円形・四角形といった「穴の形」をじっくり見ながら、それぞれの違いについて考えることができる。 **コミュニケーション** 「形遊び」体験を通して何かに気づいたとき、保育者や友達の顔をじっと見たり表情を変えたりするなど、体や表情で示すことができる。 **比較** 3つの異なる形状の「立体」を異なる形状の「穴」に入れる探索活動を通して、「立体」が「穴」を通過する場合としない場合の違いを感じとることができる。
知的な気づき	いろいろな「形」の「立体」を、いろいろな「形」の「穴」にはめ込む探索活動を通して、ものには様々な「形」があることを感じとる。
展開の大まかな流れ	**STEP1｜投げかけの時間** 0歳児に三角すい・球・立方体の3種類の立体を1つずつ見せながら、形の違う立体に親しませる。さらに「形遊び」教材を提示し、3種類の立体のうちの1つを選び、三角形・円・四角形の3種類の穴のうちの1つに入れてみるよう導く。 **STEP2｜探索の時間** 0歳児に3種類の立体を与え、3種類の穴に自由に入れさせて通過するかどうかを探索させる。
物的環境の配置	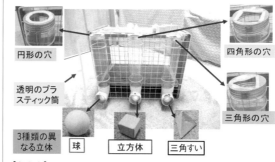 円形の穴　四角形の穴　透明のプラスティック筒　三角形の穴　3種類の異なる立体　球　立方体　三角すい 【留意点】 ● 保育者から指示や助言を一切おこなわず、0歳児が自ら選び、考えられるよう見守る。 ● 0歳児が、遊び方がわからず困っていたら、言葉かけをしたり保育者が自らやってみせたりする。ただし、過度な誘導にならないよう十分注意する。 ● 0歳児が、誤って立体を口に入れることのないよう注視する。 ● 子どもの「気づき」に対して共感したり、言葉かけをしたりする。

子どもたちの探索行動と対応させながら、本実践を通して獲得される「思考のスキル」を具体的に記載します。

図・写真などを使ってわかりやすく示しましょう。

「『かがく遊び』の基本的な流れ（P.11参照）」に沿って、時系列で1人探索や子ども同士の探索の活動場面を具体的に想定しましょう。

保育者から乳幼児への「発問」や「指示」を想定して書きます。

子どもの探索場面に対応して、どのような「思考のスキル」が獲得されるか想定して書きます。この際、もっとも基本的なスキルである「観察」と「コミュニケーション」は、必ず入れるようにします。

子どもの探索活動に対応した保育者の具体的な関わり（=言葉かけ・教材提示など）を想定して書きます。

必要な準備物を、必要数と一緒に書きます。「教材の難度や数量の傾斜的配置（P.11参照）」を考える場合は、どのタイミングで渡すかなども明記します。

本時の保育展開

時間	乳児の活動の流れ	保育者の発問・指示	思考のスキル	保育者の援助、配慮	準備物
<u>10：00AM</u> **投げかけの時間** 10分	◎保育者とともに「形遊び」教材の前に座る。 【予想される乳児の行動】 3種類の「立体」を1つずつ手に取りながらじっくり見る。	**提示** ● 0歳児に三角すい・球・立方体の3種類の「立体」を1つずつ見せる。	**観察** ● 形の違う「立体」を1つずつじっくりと見る。 **比較** ● 見た目や手ざわりで、形の違いを感じとる。	● 0歳児に3種類の「立体」を見せながら、紹介する。 ● ゆっくり、はっきりとした言葉で語りかける。 ● 「ボールだね」「これは四角い積み木だよ」「これは？」と形に興味をもつような言葉かけをする。	【3種類の立体】 ・三角すい（2個） ・球（2個） ・立方体（2個）
	【予想される乳児の行動】 3種類の「穴」を1つずつじっと見たり、ふれたりする。	● 0歳児に「形遊び」教材を提示し、三角形・円形・四角形の3種類の「穴」を1つずつ見せる。 **発問** ● 3つの「立体」から自由に1つ選び、3つの「穴」のどこかに入れてみるようにすすめる。	**観察** ● 形の違う「穴」を1つずつじっくりと見る。 **比較** ● 見た目や手ざわりで、形の違いを感じとる。	● 0歳児に3種類の「穴」を見せながら、紹介する。 ● ゆっくり、はっきりとした言葉で語りかける。 ● 「丸だね」「これは四角だよ」「これは？」と形に興味をもつような言葉かけをする。 ● 言葉による説明だけでなく、実際にやって見せながら説明をする。	・「形遊び」教材（1台）
<u>10：10AM</u> **探索の時間** 10〜20分	【予想される乳児の行動】 3種類の「立体」を1種類ずつ3種類の「穴」のどこかに入れてみようとする。 【予想される乳児の行動】 「立体」が「穴」をうまく通過すると、何度も同じ操作をくり返そうとする。		**観察** ● 「立体」を「穴」に入れたあと、どのようになったのかをじっくりと見る。 **コミュニケーション** ● ある「立体」が、うまく「穴」を通過したとき、保育者の顔をじっと見る。 **比較** ● 「立体」が「穴」を通過できたときとできなかったときの違いを感じとることができる。	● いろいろな「立体」を、それぞれの「穴」にはめようとする姿を見守り、子どもたちの気づきや発見を言語化する。 ● 「入ったね！」と入ったことを言葉で伝え、一緒に喜び合う（共感する）。 ● 遊びが停滞したときは、ほかの形に興味をもてるよう「これはどこかな？」「これは入るかな？」とさりげなく言葉かけする。 ● 「立体」が入らなかったときは、「あれ？」「入らないね」「なんでだろう？」「ほかの穴に入れてみよう」など、乳児と一緒に考える。	

評価の観点 (=今回の「かがく遊び」でどんなことに気づき、どんなスキルが獲得されるかを具体的に書く)

「知的な気づき」についての発達の姿	「思考のスキル」についての発達の姿		
● 様々な「形」の「立体」を、様々な「形」の「穴」にはめ込む探索活動を通して、いろいろなものの「形」の違いを感じとることができる。	**観察** ● 「立体」や「穴」の形の違いをじっくりと見ることができる。	**コミュニケーション** ● ある「立体」が、うまく「穴」を通過した（しなかった）際、保育者の顔をじっと見たり表情を変えたりするなど、体や表情で示すことができる。	**比較** ● 「立体」が「穴」を通過できたときとできなかったときを感じとることができる。

おわりに

　「教育」と聞くと、どうしても小学校以降の「教える」という感覚があり、幼稚園教育においても同じ感覚がありました。10年前に赴任したときは、当園の幼児教育においても、考える過程より答えが正しいことが優先されるなど、内容がアカデミックであったと感じています。「保育者の働きは、子どもの自主的な活動をさらに意欲的に発揮させるものになっているだろうか」など、課題がたくさん見え、保育教育の内容を目の前の子どもたちの姿と時代の要求に沿ったカリキュラムになるよう見直す必要がありました。そこで、インテレクチュアル教育（クリエイティブに頭を使うこと、プロセスを大切にすることなどに重点を置いた教育）の方法で実践できないかと考えたときに小谷先生に出会い、「かがく遊び」にたどりつきました。

　「かがく遊び」の実践に取り組むと、乳幼児の育ちに大きな変化を感じるようになりました。考えさせるための教材を用意したことで、ワクワク・ドキドキする様子が保育者と子ども両者にあり、考え込みながらも楽しんで取り組む姿が見られたのです。そして、保育者の力を借りずに子どもが自分なりに考え、「自分なりの理屈」が生まれるまでを見ることができました。保育者の思いを込めた教材で、子ども一人ひとりを見ることができるようになり、「育てる」から「育つ」保育へと変化することができたと感じています。

御幸幼稚園　園長　山田千枝子

　我々が提案する「かがく遊び」はいかがだったでしょうか。我々が主張したかった「かがく遊び」の考え方や実践の具体的な方法をイメージしていただけたのでしたら、大変うれしく思います。また本書により、これまでやったことがない方でも「一度チャレンジしてみよう」と思われ、実践いただける方が一人でも多くなることを願っています。本書で紹介する「かがく遊び」を参考に、読者ご自身で本書に書いた「かがく遊び」を試していただければ幸いです。

　私としては、今回、念願の著者本を出版でき、本当にうれしく思っています。この執筆を通して、これまで10年以上にわたって実践研究してきた「かがく遊び」を理論面と実践面で振り返ることができましたし、何よりも実践における子どもたちの探索行動の価値について改めて実感することができました。

　その反面、紙面の都合や「文字が多すぎると読者に読んでもらえないのではないか」といった編集部の懸念から、私が今回執筆した（図表や写真を除く）原稿のすべてを本書に載せることがかないませんでした。今回掲載されなかった内容については、別の機会に、別の方法で、みなさまにお伝えできればと思っています。

　今後も引き続き研究を続け、「理論」に基づいた「実践」の成果をみなさまにお届けできればと思っています。ここ大阪の地から我々の提案する「かがく遊び」が、少しずつ全国に広がっていくことを期待しています。

大阪大谷大学　小谷卓也

参考文献一覧

【今、なぜ「かがく遊び」なのか！・第1章・第2章 (P.14-15) の参考文献】

1）文部科学省：幼稚園教育要領解説（平成30年2月）、http://www.mext.go.jp/component/a_menu/education/micro_detail/__icsFiles/afieldfile/2019/09/19/1384661_3_3.pdf、（最終確認：2023年3月）、2008.

2）森口佑介：おさなごころを科学する、新曜社、pp.7-8、26-29、2015.

3）小谷卓也：領域「環境」に重点を置いた「遊び」から生活科へ何をどう接続するのか: 乳幼児期と低学年児童期とを接続する科学教育の新たな視点、大阪大谷大学教職教育センター紀要11、pp.1-21、2020.

4）坂元彦太郎：幼児教育の構造、フレーベル館、1975.

5）小川正賢：「理科」の再発見、農村漁村文化協会、1998.

6）中沢和子：新訂 子どもと環境、萌文書林、2011.

7）酒井朗・横井紘子：「保幼小連携の原理と実践：移行期の子どもへの支援」、ミネルヴァ書房、2011.

8）秋田喜代美：子どもの「遊び」をはぐくむ保育者：育ちを見通した「学び」の多様性、第2回ECEC研究会「遊びと学びの子ども学〜 Playful Pedagogy 〜」Proceeding（URL：https://www.blog.crn.or.jp/pdf/2nd_akita.pdf（最終確認：2023年3月）、pp.30-33、2013.

9）平野麻衣子：幼児教育における援助・指導のあり方に関する検討："Guided Play" の概念に着目しく、教育人間科学部紀要7、pp.1-16、2016.

10）小谷卓也：幼児期の子どものための "かがく遊び"、大阪市私立幼稚園連合会 平成28年度研究・研修収録 第47号、pp.64-70、2016.

11）小谷卓也：幼児期の子どものための "かがく遊び"、大阪市私立幼稚園連合会 平成29年度研究・研修収録 第48号、pp.63-70、2017.

12）榊原洋一：Playful Pedagogyが目指すものは？、第2回ECEC研究会「遊びと学びの子ども学〜 Playful Pedagogy 〜」Proceeding（URL：https://www.blog.crn.or.jp/about/pdf/2013_chapter2.pdf（最終確認：2023年3月）、pp.22-25、2013.

13）Weisberg, D. S., Hirch・Pacck, K., & Golinkoff, R. M.,Guided play：Where curricular goals meet a playful pedagogy. Mind, Brain, and Education7(2), pp.104-112,2013.

14）Weisberg, D. S., Hirsh-Pasek, K., Golinkoff, R. M., Kittredge, A. K., & Klahr, D.,Guided play：Principles and practices. Current directions in psychological science25(3),pp.177-182, 2016.

15）滝沢武久：ピアジェ理論からみた思考の発達と心の教育、幼年教育出版、pp.50-63、2011.

16）森口佑介：おさなごころを科学する、新曜社、pp.26-38、2015.

17）旦直子：「第8章 認知の発達」、開一夫・齋藤慈子編著「ベーシック発達心理学」、東京大学出版会、pp.135-139、2020.

【第2章 (P.16-65) の参考文献】

ひもの伸び縮み遊び（0歳児）の参考文献
小谷卓也ら：「ひもの伸び縮み遊び」において見られる探索行動の特性-1歳児の「ひも」の性質を感じ取ろうとする姿に着目して-、日本保育学会第71回大会（宮城学院女子大学）発表要旨集、p.254、2018.

小谷卓也：「領域「環境」に重点を置いた「遊び」から生活科へ何をどう接続するのか: 乳幼児期と低学年児童期とを接続する科学教育の新たな視点、大阪大谷大学教職教育センター紀要（11）、pp.1-21、2020.

Weisberg, D.S., et al., Guided play：Principles and practices. Current Directions in Psychological Science, pp.177-182, 2016.

ものの浮き沈み遊び（0歳児）の参考文献
Takuya KOTANI et al.：An Analysis of the Features of the 2-Year-Old Young Child's Exploration Extracted from their "Words", "Facial Expressions" and "Behavior" during the Sink and Float Activity, The 17th PECERA Annual Conference in Bangkok, Thailand Proceeding, p.94,2016.

Takuya KOTANI, Hiromi TUJI, Ayumi YAMADA, Marika Ogawa：How Do Children Learn to be Absorbed in Their Own Scientific Thinking? :A Microgenetic Analysis of The Developmental Changes of The 1-Year-Old Young Child's Exploration during Two Scientific Activities, The19th PECERA Annual Conference in Kuching, Sarawak Malaysia,Proceeding,p.79,2018.

空気遊び（1歳児）の参考文献
小谷卓也・土橋永里子：容器の形状の違いによる幼児の空気認識の違い（I）、日本乳幼児教育学会 第18大会研究発表論文集、pp.138-139、2008.

小谷卓也・長瀬美子・田原花菜・水木志帆：発達という評価指標を組み込んだ低学年科学教育プログラム「かがく」の提案-「かがく」の授業モデル「土のかがく」及び「空気のかがく」と評価指標としての「発達の姿（試案）」の提案-、大阪大谷大学 教育研究（39）、pp.23-42、2014.

Takuya KOTANI, Yoshiko NAGASE, Akira ARATANI：An Analysis of the Features of the 5-Year-Old Young Child's Exploration Extracted from their "Words" "Facial Expressions" and "Behavior" during the Air Activity, EASE2016 in Tokyo, Japan Proceeding, pp.157-158,2016.

斜面転がし遊び（1歳児）の参考文献
小谷卓也・石田尚美：「かがく遊び」から抽出される幼児の知性と感性の育ちの視点. 日本保育学会第67回大会発表要旨集2014、p.48、2014.

岡田節子：「感覚運動段階における乳幼児の遊びに関する研究：保育所における環境整備のあり方について」、帝京学園短期大学研究紀要8、A23-A36、1996.

光の透過遊び（2歳児）の参考文献
小谷卓也・長瀬美子・土橋永里子：幼児の光認識に関する基礎的研究（I）幼児の光に対するイメージを中心に、物理教育学会年会物理教育研究大会予稿集24（0）、pp.64-65、2007.

小谷卓也：科学的な見方・考え方を育てる生活科モデル授業「光のかがく」における小学1年生の「気づき」の表出、日本生活科・総合的学習教育学会第24回全国大会（福岡大会）発表旨原稿、p.152、2015.

小谷卓也・長瀬美子・井上眞央：生活科における「光」と「影」の探索活動での小学1年生の「気付き」場面におけるコミュニケーションの特性、大阪大谷大学教育学部研究紀要 教育研究第41号、pp.23-34、2015.

小谷卓也・井上眞央ら：3歳児の「光と影遊び」から抽出される「気づき」の表出の分析、日本保育学会第69回大会（東京学芸大学）発表要旨集、p.212、2016.

シェイカーを使った音遊び（2歳児）の参考文献
川口眞実：幼児の探索行動の評価指標としての「発達の姿」に関する基礎的研究ー幼児期3 - 5歳児「土」・「ものの溶け方」・「弦を使った音」・「タッパーを使った音」・「色水」の遊びにおける幼児の言動分析を手がかりとして-、大阪大谷大学2014年度卒業論文、2015.

Takuya KOTANI：An Analysis of the Features of the 5-Year-Old Young Child's Scientific Inquiry Extracted from their "Words" and "Behavior" during the Sound Activity, The 16th PECERA Annual Conference in Sydeny,Australia Proceeding,2015.

小谷卓也・長瀬美子・川口眞実：「もの」と関わる遊びの探索過程から抽出される5歳児の「発達の姿」-「弦を使った音遊び」の探索過程における幼児の「ことば」・行動」に着目して-、大阪大谷大学 教育学部 幼児教育実践研究センター紀要 第6号、pp.21-39、2016.

Takuya KOTANI and Hiromi TUJI：Cognitive and Developmental Changes in 1-YearOld Young Child's Exploration during Scientific Activities, "Kagaku"：Evidence from the Scientific Activity of "Making Sound",The20th PECERA Annual Conference in Taipei,Taiwan,Proceeding,p.227,2019.

磁石遊び（3歳児）の参考文献
小谷卓也：5歳児の「砂鉄遊び」から抽出される知性と感性の育ちの視点、日本保育学会第68回大会発表要旨集、p.62、2015.

小谷卓也・井谷伊津香 ほか：「磁石遊び」における5歳児の探索行動の特性ー幼児の「行動」・「ことば」・「表情」の変化に着目してー、日本教育実践学会第19回研究大会 発表論文集、pp.153-154、2016.

小谷卓也・松村華蓮 ほか：4歳児の「磁力遊び」に見られる探索行動の特性ー幼児の「行動」・「ことば」・「表情」の変化に着目してー、日本乳幼児教育学会 第26回大会 研究発表論文集、pp.268-269、2016.

小谷卓也・山田千枝子・小井手瑞代・三山将平：3歳児の「磁石遊び」における探索行動の比較に関する基礎的研究、日本理科教育学会 第71回全国大会 大会発表論文集、p.264、2021.

かさ（体積）遊び（3歳児）の参考文献
池谷裕二：パパは脳研究者、扶桑社、2020.

小谷卓也・野崎唯ら：幼児期のかがくモデル保育「かさ（体積）遊び」における5歳児の探索行動の分析、2015年度 数学教育学会秋季例会発表論文集、pp.35-37、2015.

小谷卓也・野崎唯ら：幼児期の「数理のかがく」モデル保育「かさ（体積）遊び」における5歳児の探索行動の分析（II）ー粘性のある液体が「あふれ」現象に対する幼児の情意と認知の変化に着目してー、2016年度 数学教育学会秋季例会予稿集、pp.173-175、2016.

小谷卓也：乳幼児の探索に関する研究動向と乳幼児期の科学教育の視点から見た探索研究の方向性、大阪大谷大学STEAM Lab紀要第1号（創刊号）、pp.53-60、2021.

森口佑介：おさなごころを科学する、新曜社、2014.

野崎唯：幼児期の「数理のかがく」モデル保育「かさ（体積）遊び」における5歳児の探索行動の特性に関する基礎的研究-「認知スキル」と「非認知スキル」の活用場面の質的・量的分析を手がかりに-、大阪大谷大学2016年度卒業論文、2017.

風遊び（4歳児）の参考文献
小谷卓也・土橋永里子：容器の形状の違いによる幼児の空気認識の違い（I）、日本乳幼児教育学会 第18大会研究発表論文集、pp.138-139、2008.

小谷卓也・長瀬美子・田原花菜・水木志帆：発達という評価指標を組み込んだ低学年科学教育プログラム「かがく」の提案-「かがく」の授業モデル「土のかがく」及び「空気のかがく」と評価指標としての「発達の姿（試案）」の提案-、大阪大谷大学 教育研究（39）、pp.23-42、2014.

Takuya KOTANI, Yoshiko NAGASE, Akira ARATANI：An Analysis of the Features of the 5-Year-Old Young Child's Exploration Extracted from their "Words" "Facial Expressions" and "Behavior" during the Air Activity, EASE2016 in Tokyo, Japan Proceeding, pp.157-158,2016.

重さ比べ遊び（4歳児）の参考文献
平尾由美子・小谷卓也：「重さ比べ遊び」保育指導案、2011.

池谷裕二：パパは脳研究者、扶桑社、2020.

小谷卓也：領域「環境」に重点を置いた「遊び」から生活科へ何をどう接続するのか: 乳幼児期と低学年児童期とを接続する科学教育の新たな視点、大阪大谷大学教職教育センター紀要（11）、pp.1-21、2020.

小谷卓也：乳幼児期から低学年児童期の科学教育プログラム「かがく」が「具体的知識（概念）」と「抽象的知識（概念）」を構成するしくみについての理論的考察. 大阪大谷大学STEAM Lab紀要第2号、pp.27-34、2022.

松田直子：物体の形状変化に伴う幼児及び児童の質量保存の認識に関する基礎的研究 -アルミ箔の折り方の違いによる質量認識調査を事例として -、大谷女子大学2008年度卒業論文、2009.

森口佑介：おさなごころを科学する、新曜社、2014.

ものの溶け方（溶解）遊び（4歳児）の参考文献
P.G.Hewitt・J.Suchocki・L.A.Hewitt：物理科学のコンセプト6物質の変化、共立出版、2004.

川口眞実：幼児の探索行動の評価指標としての「発達の姿」に関する基礎的研究-幼児期3 - 5歳児「土」・「ものの溶け方」・「弦を使った音」・「タッパーを使った音」・「色水」の遊びにおける幼児の言動分析を手がかりとして-、大阪大谷大学2014年度卒業論文、2015.

森山祐未：低学年児童期に特化した科学教育カリキュラム開発研究ー小学校第1及び第2学年「生活科」における「かがく」の授業モデル「ものの溶け方のかがく」の事例分析を通してー、大阪大谷大学2014年度卒業論文、2015.

光と影遊び（5歳児）の参考文献
小谷卓也・長瀬美子・土橋永里子：幼児の光認識に関する基礎的研究（I）幼児の光に対するイメージを中心に、物理教育学会年会物理教育研究大会予稿集 24（0）、pp.64-65、2007.
小谷卓也：科学的な見方・考え方を育てる生活科モデル授業「光のかがく」における小学1年生の「気づき」の表出、日本生活科・総合的学習教育学会第24回全国大会（福岡大会）発表要旨原稿、p.152、2015.
小谷卓也・長瀬美子・井上眞央：生活科における「光」と「影」の探索活動での小学1年生の「気づき」場面におけるコミュニケーションの特性、大阪大谷大学教育学部研究紀要 教育研究第41号、p.23-34、2015.
小谷卓也・井上眞央ら：3歳児の「光と影遊び」から抽出される「気づき」の表出の分析、日本保育学会第69回大会（東京学芸大学）発表要旨集、p.212、2016.

【第3章（P.67-83）の参考文献】

0歳児の「土遊び」の参考文献
池谷裕二：パパは脳研究者、扶桑社、2020.
小谷卓也・長瀬美子・田原花菜・水木志帆：発達という評価指標を組み込んだ低学年科学教育プログラム「かがく」の提案ー「かがく」の授業モデル「土のかがく」及び「空気のかがく」と評価指標としての「発達の姿（試案）」の提案ー、大阪大谷大学 教育研究（39）、pp.23-42、2014.
森口佑介：おさなごころを科学する、新曜社、2014.
土の百科事典編集委員会：土の百科事典、丸善出版、p.122、2014（引用URL：https://crd.ndl.go.jp/reference/modules/d3ndlcrdentry/index.php?page=ref_view&id=1000160373［最終確認：2022年1月］）.

1歳児の「土遊び」の参考文献
池谷裕二：パパは脳研究者、扶桑社、2020.
小谷卓也・長瀬美子・田原花菜・水木志帆：発達という評価指標を組み込んだ低学年科学教育プログラム「かがく」の提案ー「かがく」の授業モデル「土のかがく」及び「空気のかがく」と評価指標としての「発達の姿（試案）」の提案ー、大阪大谷大学 教育研究（39）、pp.23-42、2014.
小谷卓也：乳幼児の探索に関する研究動向と乳幼児期の科学教育の視点から見た探索研究の方向性、大阪大谷大学STEAM Lab紀要第1号（創刊号）、pp.53-60、2021.
森口佑介：おさなごころを科学する、新曜社、2014.

2歳児の「土遊び」の参考文献
池谷裕二：パパは脳研究者、扶桑社、2020.
小谷卓也・長瀬美子・田原花菜・水木志帆：発達という評価指標を組み込んだ低学年科学教育プログラム「かがく」の提案ー「かがく」の授業モデル「土のかがく」及び「空気のかがく」と評価指標としての「発達の姿（試案）」の提案ー、大阪大谷大学 教育研究（39）、pp.23-42、2014.
小谷卓也：乳幼児の探索に関する研究動向と乳幼児期の科学教育の視点から見た探索研究の方向性、大阪大谷大学STEAM Lab紀要第1号（創刊号）、pp.53-60、2021.
森口佑介：おさなごころを科学する、新曜社、2014.

3歳児の「土遊び」の参考文献
池谷裕二：パパは脳研究者、扶桑社、2020.
小谷卓也・長瀬美子・田原花菜・水木志帆：発達という評価指標を組み込んだ低学年科学教育プログラム「かがく」の提案ー「かがく」の授業モデル「土のかがく」及び「空気のかがく」と評価指標としての「発達の姿（試案）」の提案ー、大阪大谷大学 教育研究（39）、pp.23-42、2014.
小谷卓也：乳幼児の探索に関する研究動向と乳幼児期の科学教育の視点から見た探索研究の方向性、大阪大谷大学STEAM Lab紀要第1号（創刊号）、pp.53-60、2021.
小谷卓也：乳幼児期から低学年児童期の科学教育プログラム「かがく」が「具体的知識（概念）」と「抽象的知識（概念）」を構成するしくみについての理論的考察. 大阪大谷大学STEAM Lab紀要第2号、pp.27-34、2022.
森口佑介：おさなごころを科学する、新曜社、2014.

4歳児の「土遊び」の参考文献
池谷裕二：パパは脳研究者、扶桑社、2020.
今井むつみ：ことばと思考、岩波書店、2010.
今井むつみ：ことばの発達の謎を解く、筑摩書房、2015.
小谷卓也・長瀬美子・田原花菜・水木志帆：発達という評価指標を組み込んだ低学年科学教育プログラム「かがく」の提案ー「かがく」の授業モデル「土のかがく」及び「空気のかがく」と評価指標としての「発達の姿（試案）」の提案ー、大阪大谷大学 教育研究（39）、pp.23-42、2014.
小谷卓也：乳幼児の探索に関する研究動向と乳幼児期の科学教育の視点から見た探索研究の方向性、大阪大谷大学STEAM Lab紀要第1号（創刊号）、pp.53-60、2021.
小谷卓也：乳幼児期から低学年児童期の科学教育プログラム「かがく」が「具体的知識（概念）」と「抽象的知識（概念）」を構成するしくみについての理論的考察、大阪大谷大学STEAM Lab紀要第2号、pp.27-34、2022.
森口佑介：おさなごころを科学する、新曜社、2014.

5歳児の「土遊び」の参考文献
C.カミイ・R.デブリーズ：ピアジェ理論と幼児教育、チャイルド本社、2003.
加藤泰彦・C.カミイ：ピアジェの構成論と幼児教育 I - 物と関わる遊びをとおして -、大学教育出版、2008.
川口眞実：幼児の探索行動の評価指標としての「発達の姿」に関する基礎的研究-幼児期3-5歳児「土」・「ものの溶け方」・「弦を使った音」・「タッパーを使った音」・「色水」の遊びにおける幼児の言動分析を手がかりとして-、大阪大谷大学2014年度卒業論文、2015.
小谷卓也・長瀬美子・田原花菜・水木志帆：発達という評価指標を組み込んだ低学年科学教育プログラム「かがく」の提案ー「かがく」の授業モデル「土のかがく」及び「空気のかがく」と評価指標としての「発達の姿（試案）」の提案ー、大阪大谷大学 教育研究（39）、pp.23-42、2014.
小谷卓也・長瀬美子・谷上大二郎：生活科授業モデル「静電気のかがく」における小学2年生の探索行動の特性：2つの要因から生じる「ちら見行動」に着目して、日本理科教育学会第65回全国大会論文集、p.483、2015.
小谷卓也：乳幼児の探索に関する研究動向と乳幼児期の科学教育の視点から見た探索研究の方向性、大阪大谷大学STEAM Lab紀要第1号（創刊号）、pp.53-60、2021.
小谷卓也：乳幼児期から低学年児童期の科学教育プログラム「かがく」が「具体的知識（概念）」と「抽象的知識（概念）」を構成するしくみについての理論的考察、大阪大谷大学STEAM Lab紀要第2号、pp.27-34、2022.

【第4章（P.85-93）の参考文献】

形遊び（0歳児）の参考文献
池谷裕二：「パパは脳研究者」、扶桑社、2020.
Takuya KOTANI,Syota BINGO：An Analysis of 6- and 7-Year-Old Children's Scientific Abilities Extracted from Exploration during the Scientific Activity of Rolling Various-Shaped Wheels,International Conference on Mathematics Education Between Japan and China,pp.69-72,2017.
小谷卓也・備後翔太ら：幼児期の「かがく」モデル保育「かたち遊び」における5歳児の探索行動の分析、2017年度数学教育学会 秋季例会（山形大学）秋季例会予稿集、pp.73-75、2017.
Takuya KOTANI, Mizuki TANIGUCHI, Mizuyo KOIDE, Chieko YAMADA：Extraction of the Perspectives for Improving the One-Year-Old Child's scientific Toy of the Shape of Things, The22nd PECERA Annual Conference in Hong Kong SAR, China,Proceeding,pp.111-112,2022.
Takuya KOTANI, Mizuki TANIGUCHI, Mizuyo KOIDE, Chieko YAMADA：How Do One-Year-Old Young Children Explore the Shape of Things? : An Analysis of the Characteristics of their Exploration Using the Scientific Toy of "Shape", EASE2022 in Daegu, Korea, Proceeding, pp. 55-56,2022.
KOTANI Takuya, TANIGUCHI Mizuki, KOIDE Mizuyo, YAMADA Chieko：How Do one-year-old Young Children Explore the Shape of Things?: An Analysis of the Characteristics of their Exploration Using the Scientific Toy of 'Shape', EASE Letters2(1) January, pp.60-69,2023.
森口佑介：おさなごころを科学する、新曜社、2014.

0歳からのかがく遊び

2023年8月1日　初版発行

著者／小谷卓也（大阪大谷大学）、
　　　学校法人 山添学園 幼保連携型認定こども園
　　　御幸幼稚園・さくらんぼ保育園
発行人／竹井 亮
発行・発売／株式会社メイト
　　　　　　〒114-0023 東京都北区滝野川7-46-1
　　　　　　TEL 03-5974-1700（代表）
製版・印刷／光栄印刷株式会社

STAFF

写真／山本真希（御幸幼稚園）
デザイン／ohmae-d
イラスト／たなかあさこ
編集／香山倫子